KB021191

바로 바로

초등 5 필수 한자

바로 바로 초등 5

필수 한자

저 자 FL4U컨텐츠
발행인 고본화
발 행 반석북스
교재공급처 반석출판사
2024년 2월 15일 초판 1쇄 인쇄
2024년 2월 20일 초판 1쇄 발행
홈페이지 www.bansok.co.kr
이메일 bansok@bansok.co.kr
블로그 blog.naver.com/bansokbooks

07547 서울시 강서구 양천로 583, B동 1007호
(서울시 강서구 염창동 240-21번지 우림블루나인 비즈니스센터 B동 1007호)
대표전화 02) 2093-3399 **팩 스** 02) 2093-3393
출 판 부 02) 2093-3395 **영업부** 02) 2093-3396
등록번호 제315-2008-000033호

Copyright © FL4U컨텐츠

ISBN 978-89-7172-983-0 (63700)

■ 교재 관련 문의: bansok@bansok.co.kr을 이용해 주시기 바랍니다.
■ 이 책에 게재된 내용의 일부 또는 전체를 무단으로 복제 및 발췌하는 것을 금합니다.
■ 파본 및 잘못된 제품은 구입처에서 교환해 드립니다.

바로 바로 초등 5 필수 한자

머리말

최근 사회가 디지털화 되어 감에 따라 학생들의 독서량이 줄어들고 있습니다. 독서량이 줄어드니 자연스럽게 학생들의 어휘력이 떨어지면서 기본적인 단어의 뜻을 모르거나 글을 읽고 의미를 파악하는 문해력이 떨어지면서 문제를 읽어도 이해하지 못하는 등의 문제가 생기게 됩니다.

이렇게 어휘력과 문해력이 떨어지는 현상은 학생들의 한자어에 대한 이해와도 관련이 있다고 할 수 있습니다. 한자어는 우리말의 약 70%를 차지하고 있으며 실제로 일상에서 자주 사용하는 단어들 대부분이 한자어인 경우가 많습니다. 한자어는 둘 이상의 한자를 조합한 단어이기 때문에 한자를 공부하면 그에 따른 많은 어휘를 배울 수 있고 처음 보는 어휘라도 한자를 통해 그 의미를 유추할 수 있습니다. 하지만 한자어를 구성하는 한자를 알지 못하면 해석에 한계가 생기게 되고 문해력도 떨어질 수 밖에 없게 됩니다. 그렇기 때문에 어렸을 때 한자를 학습하는 것은 아이들의 어휘력 향상과 학습에 많은 도움을 줄 수 있습니다.

이 책은 학년별로 익혀야 할 단어를 선별하여 단어의 뜻과 단어를 구성하는 한자를 함께 학습할 수 있도록 하였습니다. 또한 각 한자가 쓰이는 다른 예시 단어들을 추가하여 한자의 다양한 쓰임을 배우고 예문을 통해 단어가 문장에서 어떻게 쓰이는지 익힐 수 있도록 하여 어휘력과 문해력을 향상시킬 수 있도록 하였습니다.

이 책을 통해 한자를 처음 배우는 어린이나 입문자분들이 한자에 흥미를 가지고 한자를 쉽게 배울 수 있으면 좋겠습니다. 이 책이 한자를 학습하는 모든 분들께 도움이 되기를 바랍니다.

FL4U컨텐츠

목차

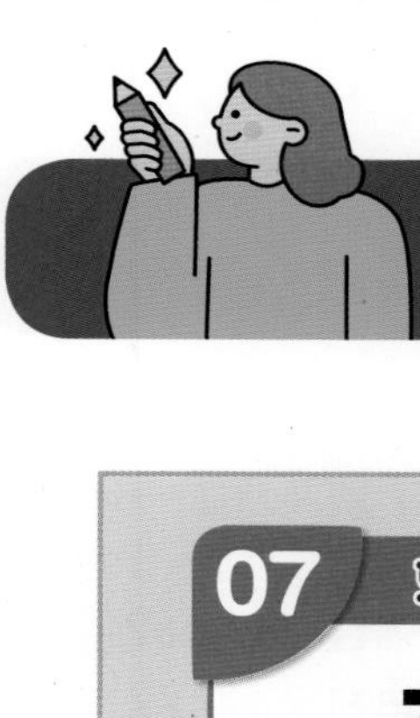

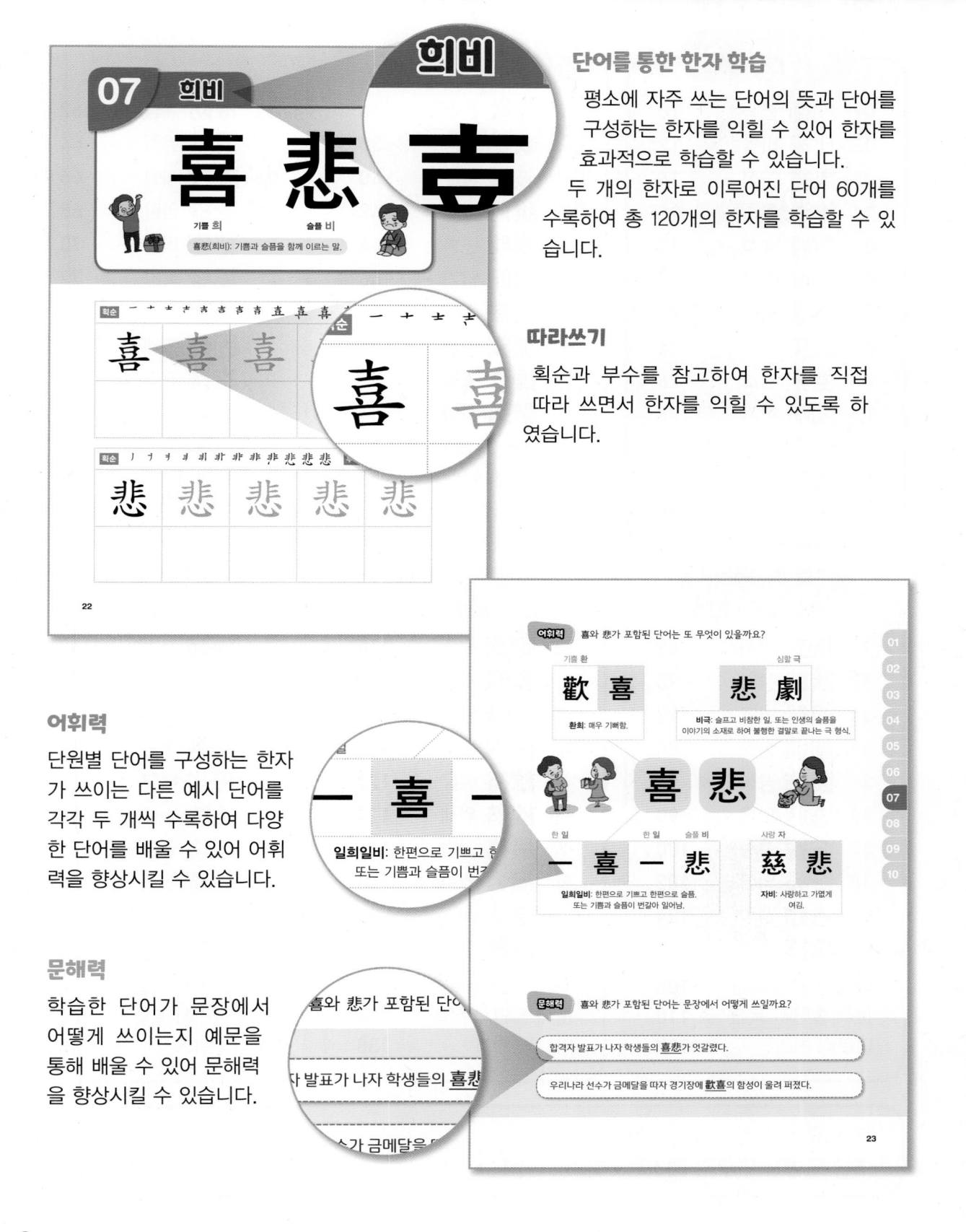

이 책의 특징

단어를 통한 한자 학습

평소에 자주 쓰는 단어의 뜻과 단어를 구성하는 한자를 익힐 수 있어 한자를 효과적으로 학습할 수 있습니다.

두 개의 한자로 이루어진 단어 60개를 수록하여 총 120개의 한자를 학습할 수 있습니다.

따라쓰기

획순과 부수를 참고하여 한자를 직접 따라 쓰면서 한자를 익힐 수 있도록 하였습니다.

어휘력

단원별 단어를 구성하는 한자가 쓰이는 다른 예시 단어를 각각 두 개씩 수록하여 다양한 단어를 배울 수 있어 어휘력을 향상시킬 수 있습니다.

문해력

학습한 단어가 문장에서 어떻게 쓰이는지 예문을 통해 배울 수 있어 문해력을 향상시킬 수 있습니다.

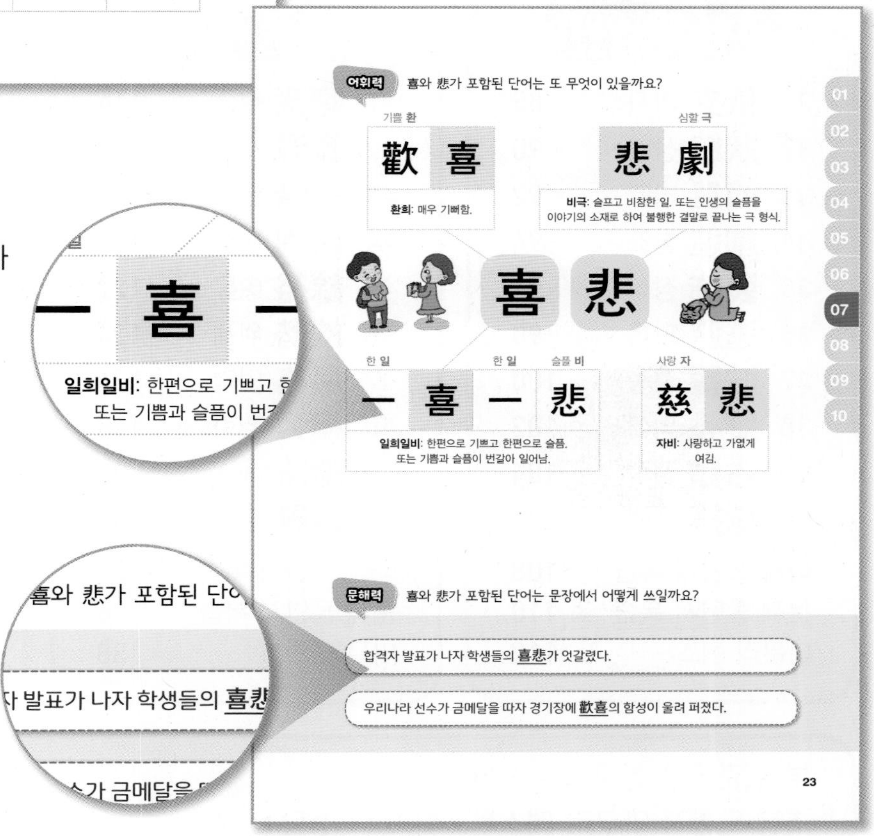

따라쓰고 문제 풀면서 배운 한자 복습

10개의 단원이 끝날 때마다 〈따라 쓰면서 복습〉, 〈문제 풀면서 복습〉, 〈마무리 퀴즈〉를 수록하여 앞에서 배운 한자를 복습할 수 있도록 하였습니다.

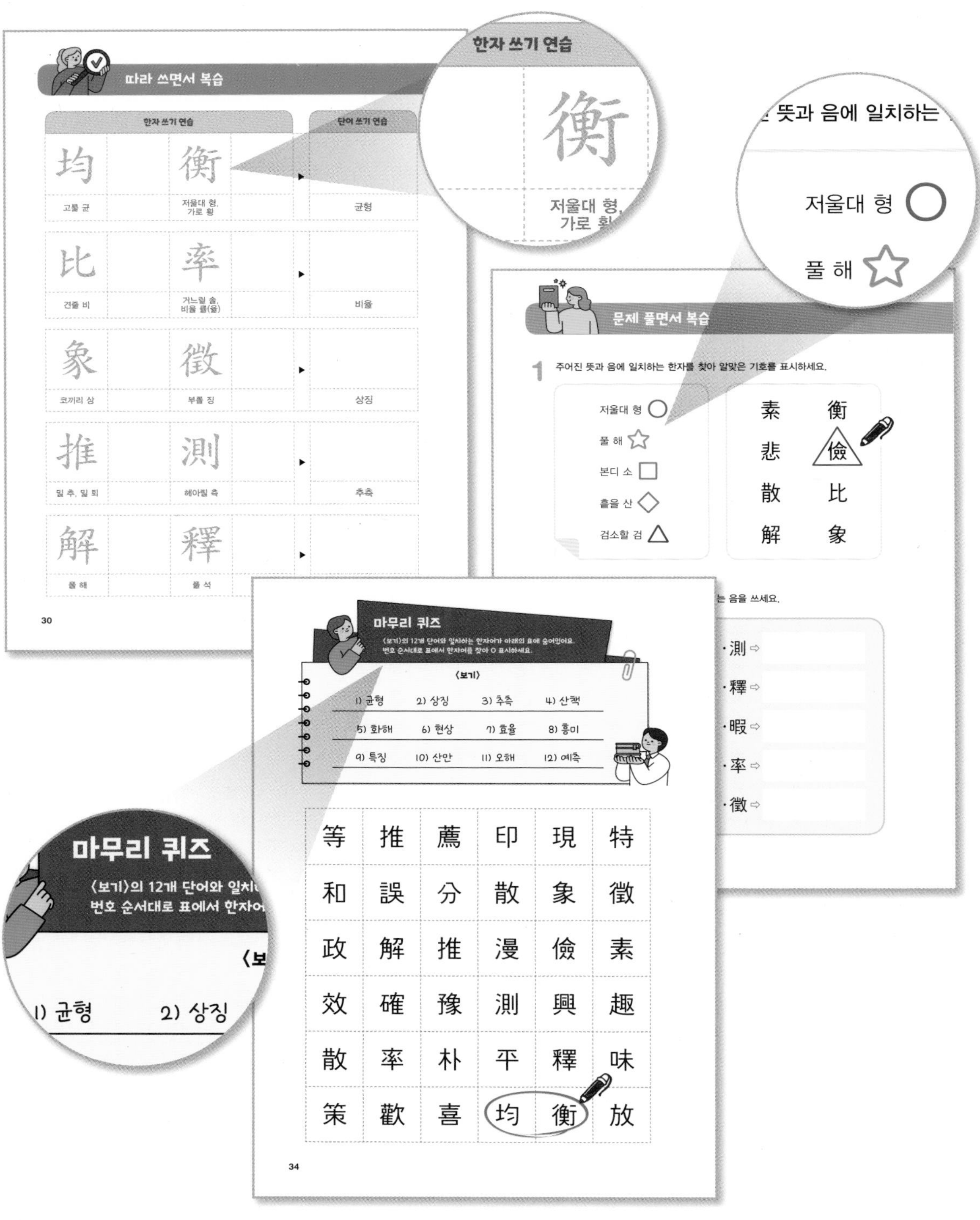

이 책의 특징

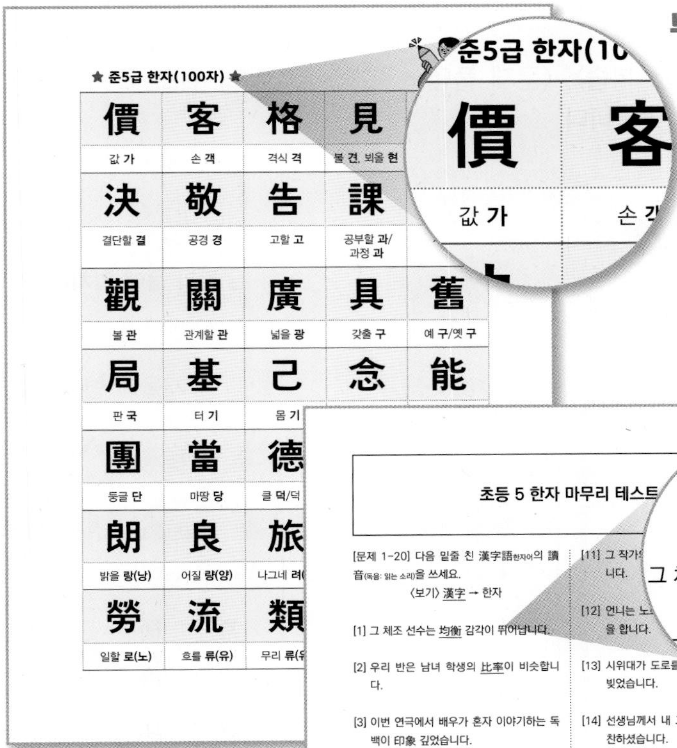

부록과 정답

한국어문회에서 주관하는 한자능력검정 시험 준5급에 해당하는 한자를 수록하여 한자 학습에 도움이 될 수 있도록 하였습니다.

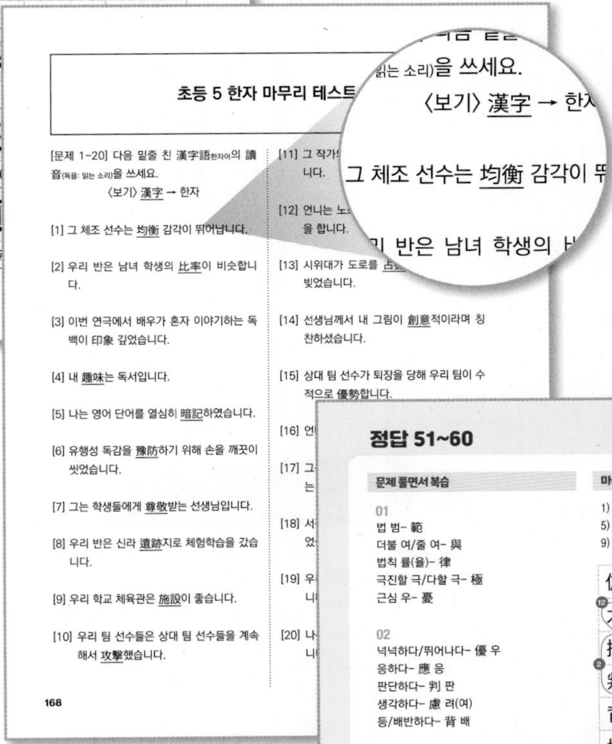

마무리 테스트를 수록하여 책에서 배운 한자를 문제를 풀면서 복습할 수 있도록 하였습니다.

정답을 수록하여 문제를 풀고 답을 맞추어 보며 제대로 학습했는지 확인할 수 있습니다.

01~10

이번 장에서 배울 내용입니다.
한자의 뜻과 음을 보고
단어의 의미를 유추해보세요.

均 衡

고를 **균** / 저울대 **형**, 가로 **횡**

象 徵

코끼리 **상** / 부를 **징**

解 釋

풀 **해** / 풀 **석**

喜 悲

기쁠 **희** / 슬플 **비**

儉 素

검소할 **검** / 본디 **소**

比 率

견줄 **비** / 거느릴 **솔**, 비율 **률(율)**

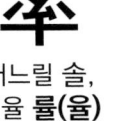

推 測

밀 **추**, 밀 **퇴** / 헤아릴 **측**

趣 味

뜻 **취** / 맛 **미**

散 策

흩을 **산** / 꾀 **책**

閑 暇

한가할 **한** / 틈 **가**

01 균형

均衡

고를 균　　　저울대 형, 가로 횡

均衡(균형): 어느 쪽으로 치우치지 않고 고른 상태.

획순 一 十 土 圴 均 均 均　　부수 土

均	均	均	均	均

획순 丿 彳 彳 彳 彳 彳 徻 徻 徻 徻 徻 衡 衡 衡 衡 衡　부수 行

衡	衡	衡	衡	衡

어휘력 均과 衡이 포함된 단어는 또 무엇이 있을까요?

평평할 **평**

平 均

평균: 사물들의 질이나 양을 고르게 한 것.

평평할 **평**

平 衡

평형: 한 쪽으로 기울지 않고 안정된 상태.

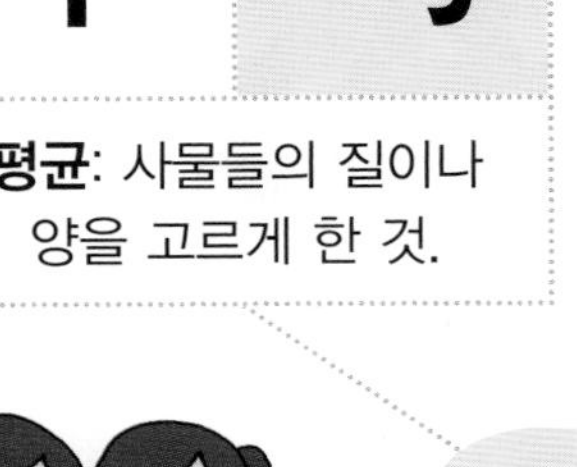

均 衡

무리 **등**

均 等

균등: 차별 없이 고르고 가지런함.

평평할 **평**

衡 平

형평: 균형이 맞음.

문해력 均과 衡이 포함된 단어는 문장에서 어떻게 쓰일까요?

그는 비틀거리다가 <u>均衡</u>을 잃고 넘어졌다.

그는 이번 시험에서 전과목 <u>平均</u>이 90점을 넘었다.

02 비율

比 率

견줄 비 / 거느릴 솔, 비율 률(율)

比率(비율): 어떤 수나 양과 다른 수나 양을 비교해 서로 몇 배가 되는지를 수치로 나타낸 것.

획순	부수 比			
比	比	比	比	比

획순	부수 玄			
率	率	率	率	率

어휘력 比와 率이 포함된 단어는 또 무엇이 있을까요?

대할 **대**

對 比

대비: 앞으로 일어날 지 모르는 일에 대응하기 위해 미리 준비함.

본받을 **효**

效 率

효율: 들인 노력에 대한 결과의 비율.

比 率

견줄 **교**/비교할 **교**

比 較

비교: 둘 이상의 사물을 서로 견주어 공통점과 차이점 등을 살피는 것.

굳을 **확**

確 率

확률: 일정한 조건에서 어떤 일이 일어날 수 있는 가능성의 정도.

문해력 比와 率이 포함된 단어는 문장에서 어떻게 쓰일까요?

우리 반은 여학생과 남학생의 <u>比率</u>이 비슷하다.

이 제품은 다른 회사의 제품과 <u>比較</u>했을 때 성능이 뛰어나다.

03 상징

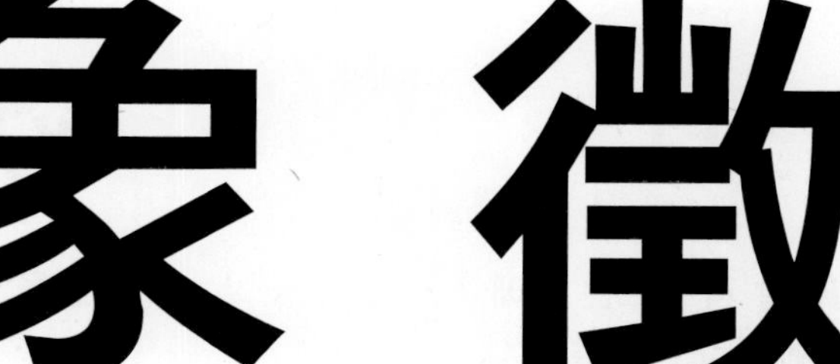

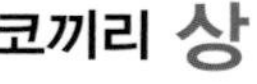

코끼리 상　　　부를 징

象徵(상징): 추상적인 것을 구체적인 사물로 나타냄. 또는 그런 기호나 사물.

획순 象 부수 豕

象 象 象 象 象

획순 徵 부수 彳

徵 徵 徵 徵 徵

어휘력 象과 徵이 포함된 단어는 또 무엇이 있을까요?

나타날 **현**	
現	象

현상: 어떤 사물의 모양이나 상태.

특별할 **특**	
特	徵

특징: 다른 것과 특별히 구별되는 점.

象 徵

도장 **인**	
印	象

인상: 어떤 대상에 대한 느낌.

	기후 **후**/살필 **후**
徵	候

징후: 겉으로 나타나는 낌새.

문해력 象과 徵이 포함된 단어는 문장에서 어떻게 쓰일까요?

비둘기는 평화의 **象徵**이다.

그 화가의 작품은 빛과 그림자의 명확한 대조가 **特徵**이다.

04 추측

推 測

밀 추, 밀 퇴 　　 헤아릴 측

推測(추측): 어떤 것을 미루어 생각함.

획순 一 十 扌 … 推 　 부수 扌

推	推	推	推	推

획순 丶 冫 氵 … 測 　 부수 氵

測	測	測	測	測

어휘력 推와 測이 포함된 단어는 또 무엇이 있을까요?

다스릴 **리(이)**

推	理

추리: 아는 것을 바탕으로 알지 못하는 것을 미루어 생각함.

미리 **예**

豫	測

예측: 앞날을 미리 짐작함.

推 測

천거할 **천**

推	薦

추천: 어떤 조건에 맞는 대상을 책임지고 소개함.

볼 **관**

觀	測

관측: 자연현상이나 천체의 변화 등을 관찰하고 측정하는 일. 또는 어떤 상황을 살펴 앞날을 헤아림.

문해력 推와 測이 포함된 단어는 문장에서 어떻게 쓰일까요?

고고학자들은 이번에 발굴된 유물을 청동기 시대의 것으로 推測했다.

동생은 엉뚱해서 행동을 豫測할 수가 없다.

05 해석

解 釋

풀 해 풀 석

解釋(해석): 글이나 현상 등의 의미를 이해하고 판단함.

획순 丿 ⺈ ⺈ 角 角 角 角 角 角 角 角 角 解 부수 角

解	解	解	解	解

획순 ⺈ ⺈ ⺈ ⺈ 平 乎 釆 釆 釈 釈 釈 釈 釈 釈 釋 釋 釋 釋 釋 釋 부수 釆

釋	釋	釋	釋	釋

어휘력 解와 釋이 포함된 단어는 또 무엇이 있을까요?

그르칠 **오**

誤 解

오해: 잘못 해석하거나 이해함.

놓을 **방**

釋 放

석방: 구속했던 사람을 자유롭게 풀어주는 것.

解 釋

화할 **화**

和 解

화해: 싸움을 멈추고 좋지 않은 감정을 풀어서 없앰.

손 **수** 아닐 부(**불**) 책 **권**/말 **권**

手 不 釋 卷

수불석권: 손에서 책을 놓지 않는다는 뜻으로 항상 책을 가까이하고 글을 읽는 것을 의미함.

문해력 解와 釋이 포함된 단어는 문장에서 어떻게 쓰일까요?

영어책을 읽다가 **解釋**이 되지 않는 문장을 선생님께 여쭤보았다.

나는 친구와 대화를 통해 **誤解**를 풀고 **和解**했다.

06 취미

趣 味

뜻 취 맛 미

趣味(취미): 전문적으로 하는 것이 아닌, 재미로 즐겨 하는 일.

획순 一 十 土 キ 丰 丰 走 走 赳 赳 赳 趄 趣 趣 趣 부수 走

趣	趣	趣	趣	趣

획순 丨 冂 口 口一 口二 吀 味 味 부수 口

味	味	味	味	味

어휘력 趣와 味가 포함된 단어는 또 무엇이 있을까요?

향할 **향**

趣 向

취향: 하고 싶은 마음이 생기는 방향.

깨달을 **각**

味 覺

미각: 맛을 느끼는 감각.

趣 味

뜻 **지**

趣 旨

취지: 어떤 일의 근본적인 목적이나 의도.

일 **흥**

興 味

흥미: 흥을 느끼는 재미. 또는 어떤 것에 대한 관심.

문해력 趣와 味가 포함된 단어는 문장에서 어떻게 쓰일까요?

그의 趣味는 좋아하는 음악을 피아노로 연주하는 것이다.

우리는 趣向이 비슷해서 금방 친해졌다.

07 희비

喜 悲

기쁠 희　　슬플 비

喜悲(희비): 기쁨과 슬픔을 함께 이르는 말.

획순 一 十 士 士 吉 吉 吉 吉 壴 壴 喜 喜 부수 口

喜	喜	喜	喜	喜

획순 丿 亅 ㅋ ㅋ 非 非 非 非 非 悲 悲 悲 부수 心

悲	悲	悲	悲	悲

어휘력 喜와 悲가 포함된 단어는 또 무엇이 있을까요?

기쁠 **환**	
歡	喜

환희: 매우 기뻐함.

	심할 **극**
悲	劇

비극: 슬프고 비참한 일. 또는 인생의 슬픔을 이야기의 소재로 하여 불행한 결말로 끝나는 극 형식.

한 **일**		한 **일**	슬플 **비**
一	喜	一	悲

일희일비: 한편으로 기쁘고 한편으로 슬픔. 또는 기쁨과 슬픔이 번갈아 일어남.

사랑 **자**	
慈	悲

자비: 사랑하고 가엾게 여김.

문해력 喜와 悲가 포함된 단어는 문장에서 어떻게 쓰일까요?

합격자가 발표되자 학생들의 <u>喜悲</u>가 엇갈렸다.

우리나라 선수가 금메달을 따자 경기장에 <u>歡喜</u>의 함성이 울려 퍼졌다.

08 산책

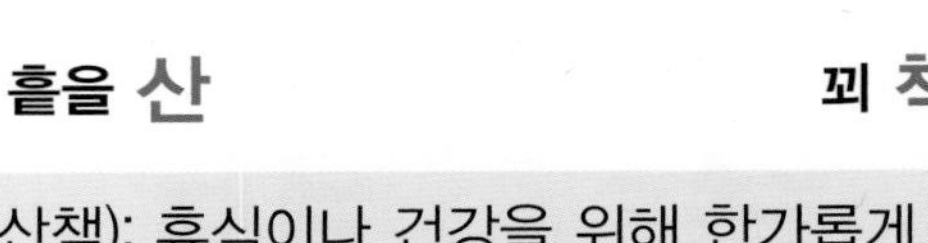

散 策

흩을 산 꾀 책

散策(산책): 휴식이나 건강을 위해 한가롭게 걷는 일.

획순 一 十 廾 [illegible] [illegible] [illegible] [illegible] [illegible] [illegible] [illegible] [illegible] 散 부수 攵				
散	散	散	散	散

획순 丿 [illegible] [illegible] [illegible] [illegible] 竹 [illegible] [illegible] [illegible] [illegible] [illegible] 策 부수 竹				
策	策	策	策	策

어휘력 散과 策이 포함된 단어는 또 무엇이 있을까요?

나눌 **분**

分散

분산: 따로따로 나뉘어 흩어짐.

정사 **정**/칠 **정**

政策

정책: 정치적 목적을 실현하기 위한 방침이나 수단.

散 策

흩어질 **만**

散漫

산만: 어수선하고 질서가 없음.

대할 **대**

對策

대책: 어떤 일에 대처하기 위한 계획이나 방책.

문해력 散과 策이 포함된 단어는 문장에서 어떻게 쓰일까요?

우리는 주말마다 강아지를 데리고 <u>散策</u>을 간다.

교실은 학생들이 떠드는 소리로 시끄럽고 <u>散漫</u>했다.

09 검소

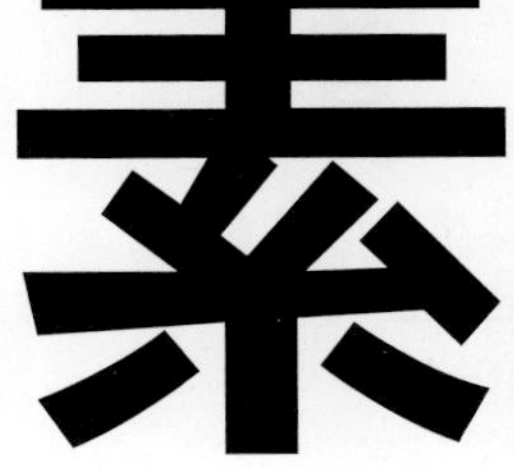

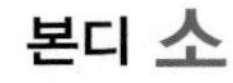

儉 素

검소할 검　　　　본디 소

儉素(검소): 사치하거나 낭비하지 않고 꾸밈없이 수수함.

획순 丿 亻 … 儉 부수 亻

儉 儉 儉 儉 儉

획순 一 二 … 素 부수 糸

素 素 素 素 素

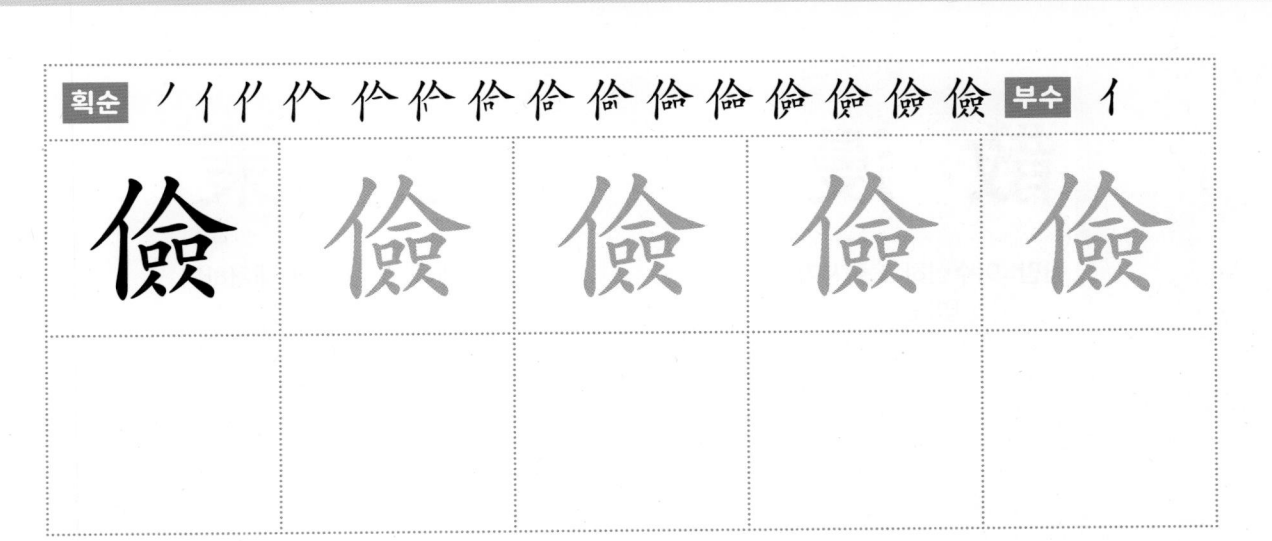

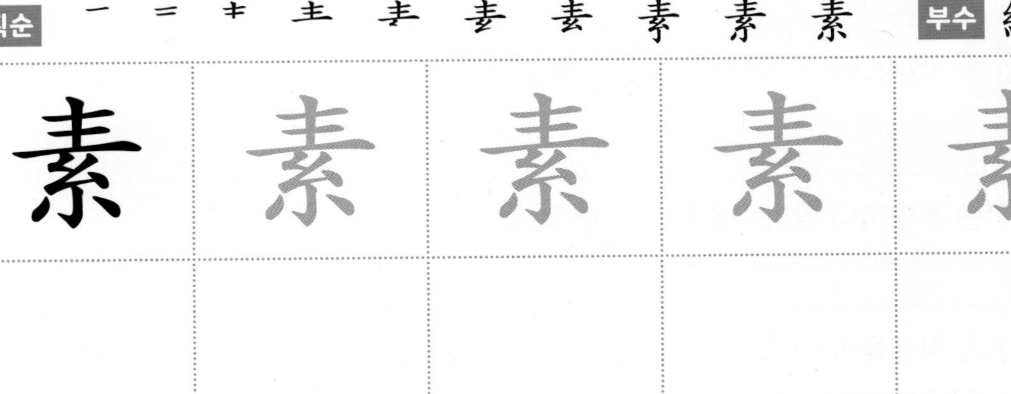

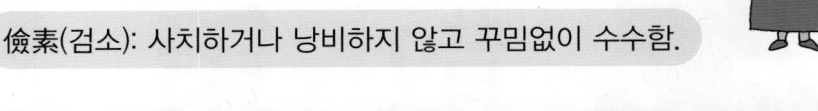

어휘력 儉과 素가 포함된 단어는 또 무엇이 있을까요?

부지런할 **근**

勤	儉

근검: 부지런하고 검소함.

평평할 **평**

平	素

평소: 보통 때.

儉 素

맺을 **약**

儉	約

검약: 낭비하지 않고 아껴 씀.

순박할 **박**

素	朴

소박: 거짓이나 꾸밈이 없이 수수함.

문해력 儉과 素가 포함된 단어는 문장에서 어떻게 쓰일까요?

그는 재산이 많지만 사치스럽지 않고 <u>儉素</u>하다.

시험 당일에 그는 <u>平素</u>와 다르게 긴장한 모습이었다.

10 한가

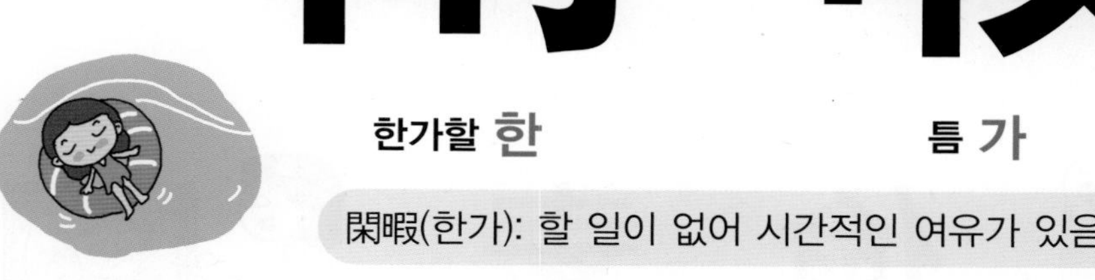

閑 暇

한가할 한　　틈 가

閑暇(한가): 할 일이 없어 시간적인 여유가 있음.

획순 丨 ㄱ 彐 尸 門 門 門 門 門 閑 閑 閑 **부수** 門

閑	閑	閑	閑	閑

획순 丨 冂 月 日 日 日 日 日 日 日 日 日 暇 **부수** 日

暇	暇	暇	暇	暇

어휘력 閑과 暇가 포함된 단어는 또 무엇이 있을까요?

흩을 **산**

閑 散

한산: 일이 없어 한가함. 또는 사람이 적어 한적함.

쉴 **휴**

休 暇

휴가: 학교나 직장 등에서 일정한 기간 동안 쉬는 것.

閑 暇

무리 **등** 볼 **시**

等 閑 視

등한시: 소홀히 여겨 무관심하게 넘김.

남을 **여**

餘 暇

여가: 일이 없어 남는 시간.

문해력 閑과 暇가 포함된 단어는 문장에서 어떻게 쓰일까요?

언니는 시험이 끝나서 요즘 **閑暇**하다.

방학 기간이어서 학교 주변이 **閑散**하다.

따라 쓰면서 복습

한자 쓰기 연습					단어 쓰기 연습
均		衡		▶	
고를 균		저울대 형, 가로 횡			균형
比		率		▶	
견줄 비		거느릴 솔, 비율 률(율)			비율
象		徵		▶	
코끼리 상		부를 징			상징
推		測		▶	
밀 추, 밀 퇴		헤아릴 측			추측
解		釋		▶	
풀 해		풀 석			해석

한자 쓰기 연습					단어 쓰기 연습
趣		味		▶	
뜻 취		맛 미			취미
喜		悲		▶	
기쁠 희		슬플 비			희비
散		策		▶	
흩을 산		꾀 책			산책
儉		素		▶	
검소할 검		본디 소			검소
閑		暇		▶	
한가할 한		틈 가			한가

문제 풀면서 복습

1 주어진 뜻과 음에 일치하는 한자를 찾아 알맞은 기호를 표시하세요.

저울대 형 ○
풀 해 ☆
본디 소 □
흩을 산 ◇
검소할 검 △

2 주어진 뜻과 한자를 연결하고 한자에 맞는 음을 쓰세요.

뜻	한자	음
비율 •	• 測 ⇨	
부르다 •	• 釋 ⇨	
헤아리다 •	• 暇 ⇨	
풀다 •	• 率 ⇨	
틈 •	• 徵 ⇨	

3 주어진 뜻과 어울리는 한자어에 O 표시하세요.

1) 할 일이 없어 시간적인 여유가 있음. 分散 / 閑暇

2) 글이나 현상 등의 의미를 이해하고 판단함. 解釋 / 推測

3) 사치하거나 낭비하지 않고 꾸밈없이 수수함. 均衡 / 儉素

4 다음 글을 읽고 주어진 한자가 각각 몇 번 나왔는지 그 횟수를 쓰세요.

내 취미는 독서이다.

한가한 날이면 책을 읽는다.

오늘은 책을 읽다가 강아지와 산책하러 공원에 갔다.

공원에는 평소와 달리 사람이 없어 한산했다.

趣 ( )

閑 ( )

暇 ( )

散 ( )

策 ( )

素 ( )

마무리 퀴즈

〈보기〉의 12개 단어와 일치하는 한자어가 아래의 표에 숨어있어요.
번호 순서대로 표에서 한자어를 찾아 O 표시하세요.

〈보기〉

1) 균형 2) 상징 3) 추측 4) 산책

5) 화해 6) 현상 7) 효율 8) 흥미

9) 특징 10) 산만 11) 오해 12) 예측

等	推	薦	印	現	特
和	誤	分	散	象	徵
政	解	推	漫	儉	素
效	確	豫	測	興	趣
散	率	朴	平	釋	味
策	歡	喜	均	衡	放

11~20

이번 장에서 배울 내용입니다.
한자의 뜻과 음을 보고
단어의 의미를 유추해보세요.

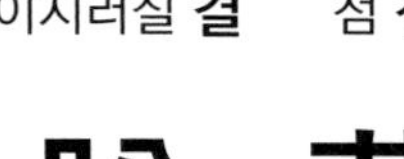

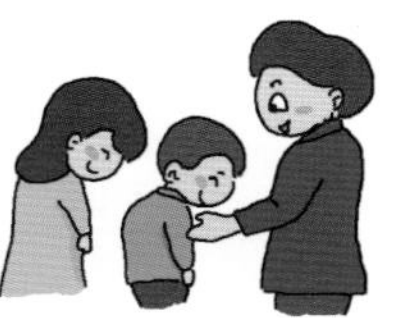

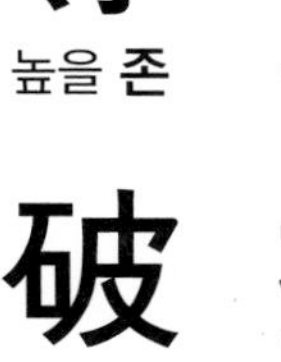

尊 敬
높을 **존** 공경 **경**

破 損
깨뜨릴 **파** 덜 **손**

辨 明
분별할 **변** 밝을 **명**

危 機
위태할 **위** 베틀 **기**

操 作
잡을 **조** 지을 **작**

缺 點
이지러질 **결** 점 **점**

脫 落
벗을 **탈** 떨어질 **락(낙)**

暗 記
어두울 **암** 기록할 **기**

孤 獨
외로울 **고** 홀로 **독**

辭 退
말씀 **사** 물러날 **퇴**

11 존경

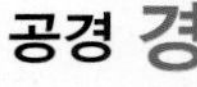

높을 존　　공경 경

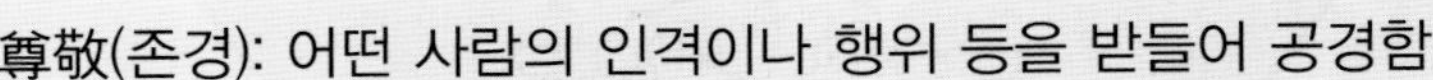

尊敬(존경): 어떤 사람의 인격이나 행위 등을 받들어 공경함.

획순 丿 八 … 尊 尊 부수 寸

尊	尊	尊	尊	尊

획순 一 十 艹 艹 芍 苟 苟 苟 苟 苟 敬 敬 부수 攵

敬	敬	敬	敬	敬

어휘력 尊과 敬이 포함된 단어는 또 무엇이 있을까요?

무거울 **중**

尊	重

존중: 높여서 귀중하게 여김.

공손할 **공**

恭	敬

공경: 예의를 갖추어 받들어 모심.

尊 **敬**

엄할 **엄**

尊	嚴

존엄: 인물이나 지위 등이 높고 엄숙함.

공경할 **건**

敬	虔

경건: 예의를 갖추어 받들어 모시며 엄숙함.

문해력 尊과 敬이 포함된 단어는 문장에서 어떻게 쓰일까요?

그는 많은 음악가들에게 **尊敬**받는 지휘자이다.

선생님은 학생들에게 웃어른을 **恭敬**해야 한다고 말씀하셨다.

12 결점

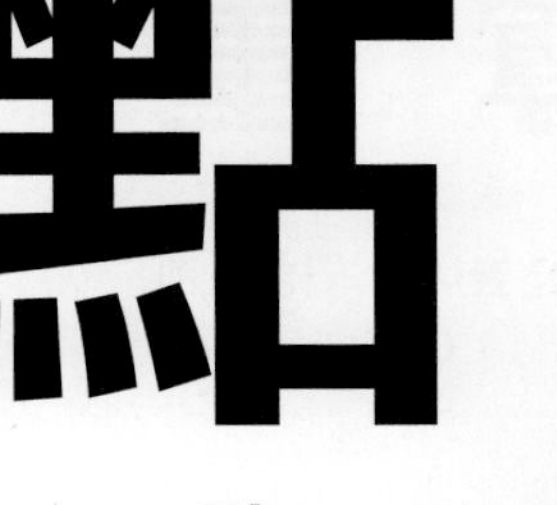
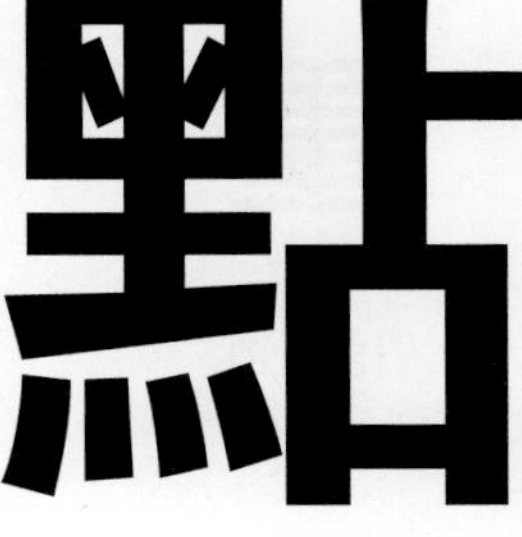

缺 點

이지러질 결　　　　점 점

缺點(결점): 잘못되거나 부족한 점.

획순 ノ ㅗ 느 午 缶 缶 缶 缶 缺 缺　부수 缶

缺 缺 缺 缺 缺

획순 丨 冂 冂 冋 回 回 甲 里 里 里 黑 黑 黑 黑 點 點 點　부수 黑

點 點 點 點 點

어휘력 缺과 點이 포함된 단어는 또 무엇이 있을까요?

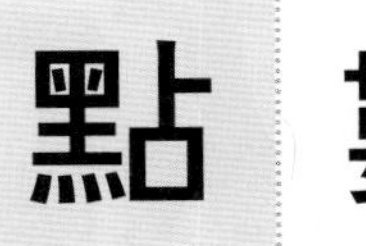

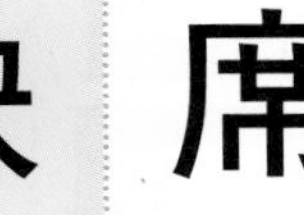

자리 **석**

缺席

결석: 수업이나 모임에 나가지 않음.

셈 **수**

點數

점수: 어떤 일의 실적이나 학생들의 학업 시험 결과를 나타내는 숫자.

缺 點

모자랄 **핍**

缺乏

결핍: 모자라거나 부족함.

검사할 **검**

點檢

점검: 하나하나 빠짐없이 검사함.

문해력 缺과 點이 포함된 단어는 문장에서 어떻게 쓰일까요?

나는 감기에 걸려 학교에 <u>缺席</u>하였다.

방학 때 열심히 공부했더니 시험 <u>點數</u>가 많이 올랐다.

13 파손

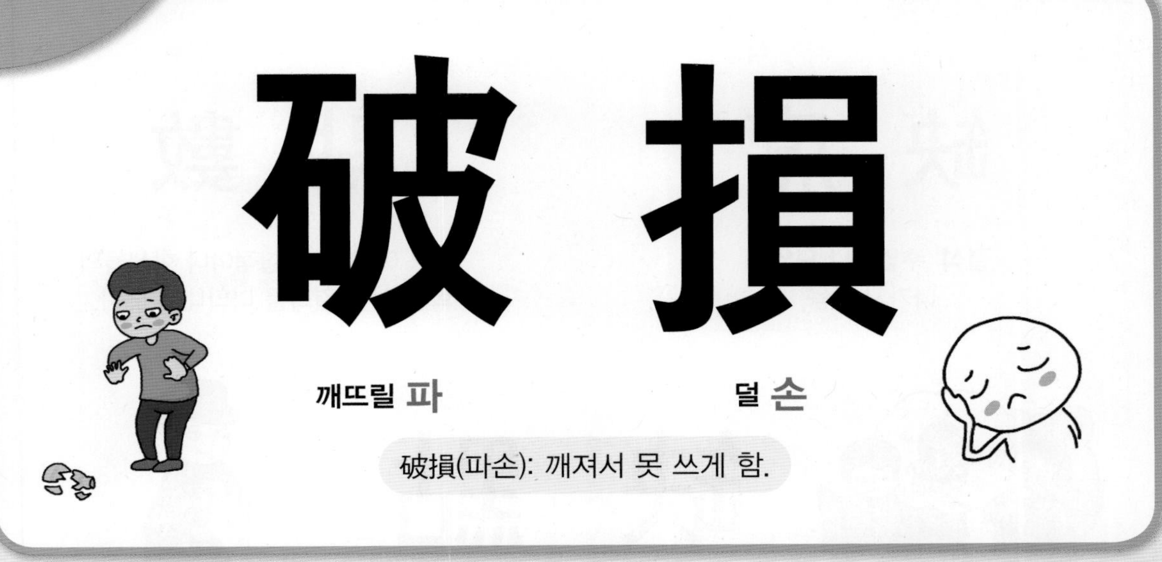

破 損

깨뜨릴 파　　덜 손

破損(파손): 깨져서 못 쓰게 함.

획순 一 丆 丆 石 石 石 矿 矿 矽 破		부수 石		
破	破	破	破	破

획순 一 十 扌 扌 扌 扌 扌 捐 捐 捐 捐 損 損		부수 扌		
損	損	損	損	損

어휘력 破와 損이 포함된 단어는 또 무엇이 있을까요?

破 損

낳을 **산**

破 産

파산: 재산을 잃고 망함.

다칠 **상**

損 傷

손상: 물체가 깨지거나 상함. 또는 품질이나 가치가 떨어짐.

무너질 **괴**

破 壞

파괴: 부수거나 깨뜨림. 또는 조직이나 질서 등을 무너뜨림.

해할 **해**

損 害

손해: 물질적, 정신적으로 원래보다 나빠져 좋지 않게 된 상태.

문해력 破와 損이 포함된 단어는 문장에서 어떻게 쓰일까요?

서점에서 **破損**된 책을 새 책으로 교환해주었다.

전쟁으로 인해 도시 일부가 **破壞**되었다.

14 탈락

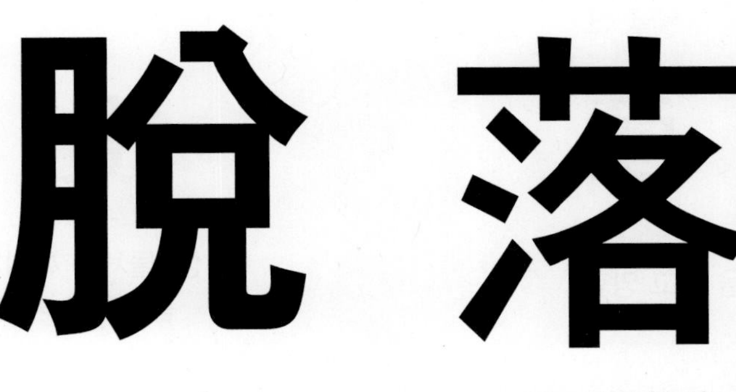

벗을 탈　　떨어질 락(낙)

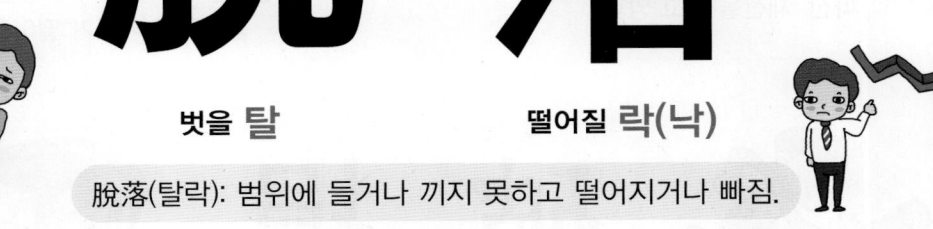

脫落(탈락): 범위에 들거나 끼지 못하고 떨어지거나 빠짐.

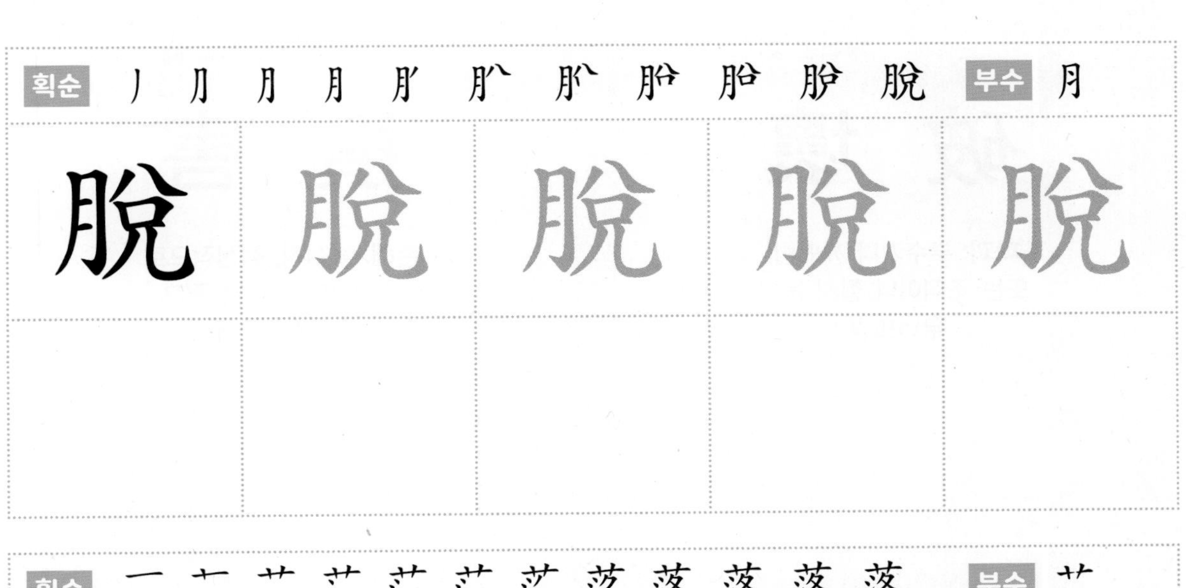

획순 丿 刀 月 月 月' 肸 肸 脟 脟 脫 脫 부수 月

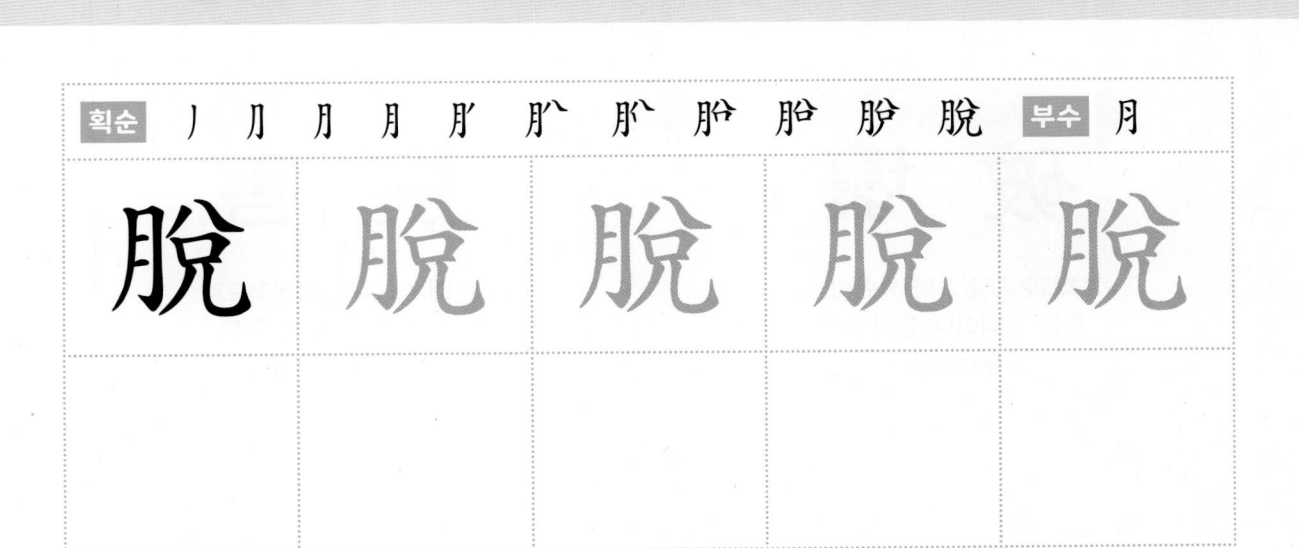

脫 脫 脫 脫 脫

획순 一 十 艹 艹 艹 艹 莎 莎 茨 落 落 落 부수 艹

落 落 落 落 落

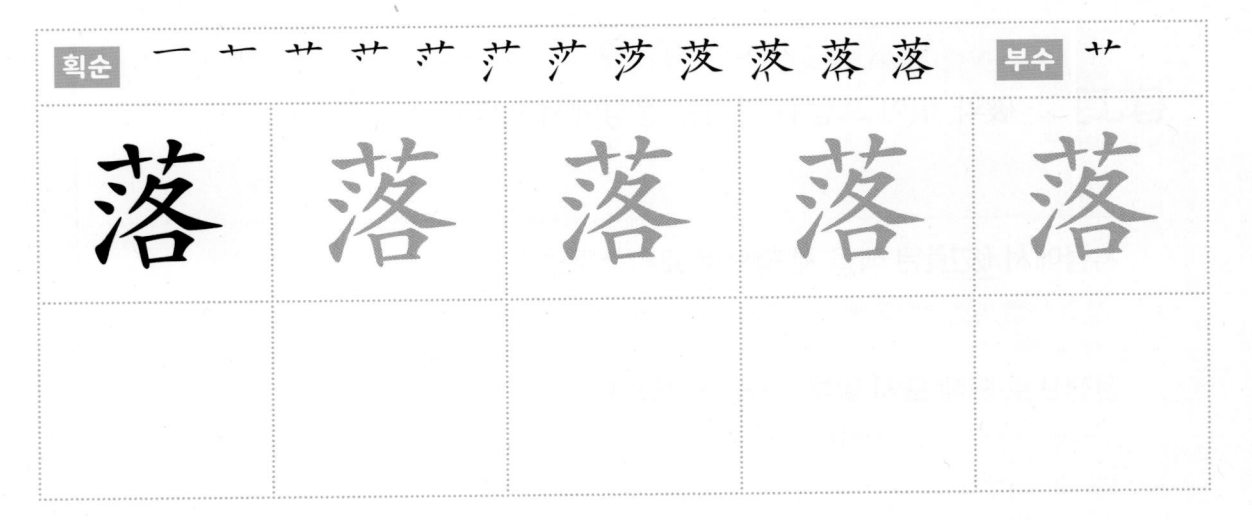

어휘력 脫과 落이 포함된 단어는 또 무엇이 있을까요?

脫 落

날 **출**	
脫	出

탈출: 어떤 것에서 빠져나옴.

	잎 **엽**
落	葉

낙엽: 나뭇잎이 떨어짐. 또는 떨어진 나뭇잎.

	물러날 **퇴**
脫	退

탈퇴: 조직이나 단체 등에서 관계를 끊고 물러남.

가을 **추**	바람 **풍**		잎 **엽**
秋	風	落	葉

추풍낙엽: 가을바람에 떨어지는 나뭇잎이라는 뜻으로 세력이 갑자기 기울거나 시들어 흩어지는 것을 비유하는 말.

문해력 脫과 落이 포함된 단어는 문장에서 어떻게 쓰일까요?

그는 아쉽게 예선 경기에서 <u>脫落</u>하였다.

바람이 불자 나무에서 <u>落葉</u>이 떨어졌다.

15 변명

辨 明

분별할 **변** 밝을 **명**

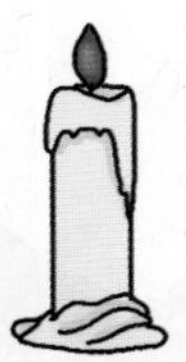

辨明(변명): 어떤 잘못에 대해 구실을 대며 이유를 설명함.

획순 … 辨 부수 辛

辨	辨	辨	辨	辨

획순 丨 … 明 부수 日

明	明	明	明	明

어휘력 辨과 明이 포함된 단어는 또 무엇이 있을까요?

나눌 **별**/다를 **별**

辨別

변별: 어떤 것의 옳고 그름이나 좋고 나쁨을 구분함.

흰 **백**

明白

명백: 의심할 것 없이 뚜렷함.

갚을 **상**

辨償

변상: 다른 사람에게 끼친 손해를 물어 주거나 빚을 갚음.

어질 **현**

賢明

현명: 어질고 슬기로워 일의 이치에 밝음.

문해력 辨과 明이 포함된 단어는 문장에서 어떻게 쓰일까요?

그는 자신의 잘못에 대해 **辨明**을 늘어놓았다.

경찰의 조사를 통해 그가 범인이라는 사실이 **明白**해졌다.

16 암기

暗 記

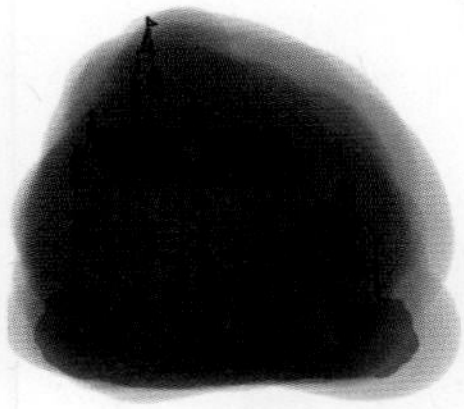

어두울 암　　기록할 기

暗記(암기): 외워서 잊지 않음.

획순 丨 冂 月 日 日 旷 旷 旷 暗 暗 暗 暗 暗 부수 日				
暗	暗	暗	暗	暗

획순 丶 亠 亠 亖 言 言 言 訂 訂 記 부수 言				
記	記	記	記	記

어휘력 暗과 記가 포함된 단어는 또 무엇이 있을까요?

暗 記

밝을 **명**

明暗

명암: 밝음과 어두움을 함께 이르는 말.

생각할 **억**

記憶

기억: 과거의 일을 의식에 간직하거나 다시 생각해 냄.

검을 **흑**

暗黑

암흑: 어둡고 캄캄함.

기록할 **록(녹)**

記錄

기록: 어떤 사실을 적음.

문해력 暗과 記가 포함된 단어는 문장에서 어떻게 쓰일까요?

가로등이 없는 시골길은 밤이 되면 **暗黑**에 휩싸여 아무것도 보이지 않았다.

영어 단어를 벼락치기로 외웠더니 **記憶**이 나지 않는다.

11 12 13 14 15 16 17 18 19 20

17 위기

危 機
위태할 위
베틀 기
危機(위기): 위험한 고비.

획순 ノ ⺈ ⺈ 产 厃 危 부수 㔾

危	危	危	危	危

획순 一 十 才 木 木 杉 桦 桦 桦 機 機 機 機 機 機 機 부수 木

機	機	機	機	機

어휘력 危와 機가 포함된 단어는 또 무엇이 있을까요?

급할 **급**

危	急

위급: 상황이 위태롭고 급함.

능할 **능**

機	能

기능: 구실이나 작용.

危 機

거의 **태**/위태할 **태**

危	殆

위태: 일이 되가는 형편이 어렵고 위험함.

모일 **회**

機	會

기회: 어떤 일을 하기 적절한 때.

문해력 危와 機가 포함된 단어는 문장에서 어떻게 쓰일까요?

기후 변화와 환경 파괴로 인해 많은 동물들이 멸종 **危機**에 처했다.

이번에 새로 출시된 핸드폰에 전에 없던 새로운 **機能**이 추가되었다.

孤 獨

외로울 고　　　홀로 독

孤獨(고독): 홀로 있는 것처럼 외로움.

획순 ⺈ 了 子 孑 孒 孤 孤 孤			부수 子	
孤	孤	孤	孤	孤

획순 ノ 犭 犭 犭 犭ㄇ 犭罒 犭罒 犭罒 犭罒 獨 獨 獨 獨 獨 獨 獨			부수 犭	
獨	獨	獨	獨	獨

어휘력 孤와 獨이 포함된 단어는 또 무엇이 있을까요?

설 **립(입)**

孤立

고립: 다른 사람들과 어울리지 않거나 도움 받지 못하고 홀로 떨어짐.

점령할 **점**/점칠 **점**

獨占

독점: 혼자서 모두 가지거나 누림.

孤 獨

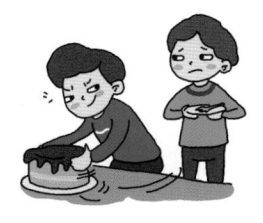

아이 **아**

孤兒

고아: 부모를 여의거나 버림받아 홀로 된 아이.

흰 **백**

獨白

독백: 혼자서 중얼거림.

문해력 孤와 獨이 포함된 단어는 문장에서 어떻게 쓰일까요?

많은 등산객들이 폭설로 인해 산 속에 孤立되었다가 구조되었다.

이번 연극에서 배우가 혼자 이야기하는 獨白이 인상적이었다.

19 조작

操 作

잡을 **조** 　　　　 지을 **작**

操作(조작): 기계 등을 일정한 방식으로 다루어 움직임.

획순 一 十 扌 … 操 **부수** 扌

操	操	操	操	操

획순 丿 亻 … 作 **부수** 亻

作	作	作	作	作

어휘력 操와 作이 포함된 단어는 또 무엇이 있을까요?

세로 **종**

操 縱

조종: 기계 등을 다루어 부림. 또는 다른 사람을 자신의 뜻대로 다루어 부림.

밭 갈 **경**

耕 作

경작: 땅을 갈아서 농작물을 심고 길러 거둠.

操 作

몸 **체**

體 操

체조: 신체의 건강을 위해 일정한 형식으로 몸을 움직임.

뛰어날 **걸**

傑 作

걸작: 훌륭한 작품.

문해력 操와 作이 포함된 단어는 문장에서 어떻게 쓰일까요?

새로 산 전자레인지는 **操作**이 쉽고 간단하다.

우리는 체육 수업 시작 전에 준비 운동으로 **體操**를 한다.

20 사퇴

말씀 사　　　물러날 퇴

辭退(사퇴): 어떤 일이나 직책을 그만두고 물러남.

획순 부수 辛

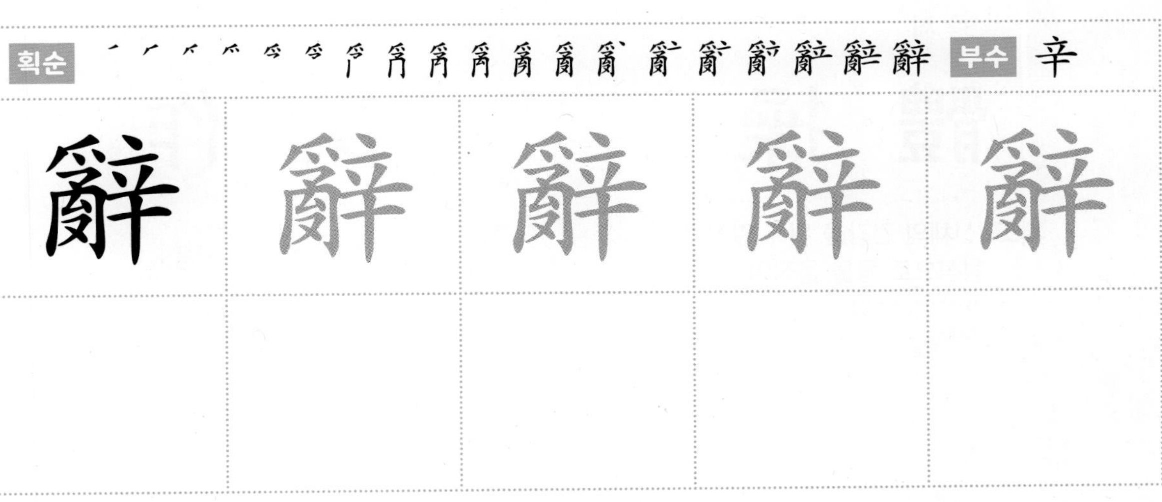

획순 부수 辶

退 退 退 退 退

어휘력 辭와 退가 포함된 단어는 또 무엇이 있을까요?

법 **전**

辭	典

사전: 어휘를 일정한 순서로 배열하고 발음, 의미, 용법 등을 해설한 책.

뒤 **후**

後	退

후퇴: 뒤로 물러남.

辭 退

직분 **직**

辭	職

사직: 직무를 내놓고 그만 둠.

나아갈 **진** / 두 **량(양)** / 어려울 **난**

進	退	兩	難

진퇴양난: 나아가기도 물러서기도 어렵다는 뜻으로 이러지도 저러지도 못하는 곤경에 처한 상태를 의미함.

문해력 辭와 退가 포함된 단어는 문장에서 어떻게 쓰일까요?

선생님은 우리들에게 수업 시간에 배운 단어의 뜻을 국어<u>辭典</u>에서 찾아오라고 하셨다.

적군은 전투에서 상황이 불리해지자 <u>後退</u>했다.

따라 쓰면서 복습

한자 쓰기 연습					단어 쓰기 연습
尊		敬		▶	
높을 존		공경 경			존경
缺		點		▶	
이지러질 결		점 점			결점
破		損		▶	
깨뜨릴 파		덜 손			파손
脫		落		▶	
벗을 탈		떨어질 락(낙)			탈락
辨		明		▶	
분별할 변		밝을 명			변명

한자 쓰기 연습					단어 쓰기 연습
暗		記		▶	
어두울 암		기록할 기			암기
危		機		▶	
위태할 위		베틀 기			위기
孤		獨		▶	
외로울 고		홀로 독			고독
操		作		▶	
잡을 조		지을 작			조작
辭		退		▶	
말씀 사		물러날 퇴			사퇴

문제 풀면서 복습

1 주어진 뜻과 음에 일치하는 한자를 찾아 알맞은 기호를 표시하세요.

2 주어진 뜻과 한자를 연결하고 한자에 맞는 음을 쓰세요.

뜻	한자	음
높다 •	• 退 ⇨	
물러나다 •	• 操 ⇨	
분별하다 •	• 辨 ⇨	
잡다 •	• 辭 ⇨	
말씀 •	• 尊 ⇨	

3 주어진 뜻과 어울리는 한자어에 O 표시하세요.

1) 외워서 잊지 않음. 暗記 / 危殆

2) 어떤 잘못에 대해 구실을 대며 이유를 설명함. 操作 / 辨明

3) 수업이나 모임에 나가지 않음. 缺席 / 脫退

4 다음 글을 읽고 주어진 한자가 각각 몇 번 나왔는지 그 횟수를 쓰세요.

어제 학교에 결석해서 영어 쪽지 시험을 보지 못했다.
하지만 선생님께서 오늘 시험을 볼 수 있는 기회를 주셨다.
나는 시험 전에 벼락치기로 영어 단어를 암기했다.
하지만 시험지를 받자 단어가 기억이 나지 않았다.
예상대로 시험 점수는 좋지 않았다.

缺 ( )
機 ( )
暗 ( )
記 ( )
憶 ( )
點 ( )

마무리 퀴즈

〈보기〉의 12개 단어와 일치하는 한자어가 아래의 표에 숨어있어요.
번호 순서대로 표에서 한자어를 찾아 O 표시하세요.

〈보기〉

1) 존경	2) 조작	3) 손해	4) 탈락
5) 위기	6) 고독	7) 사퇴	8) 탈퇴
9) 걸작	10) 사전	11) 결핍	12) 낙엽

辨	償	缺	乏	暗	黑
殆	落	葉	重	明	職
操	嚴	尊	敬	虔	損
傑	作	脫	辭	典	害
破	壞	落	退	孤	兒
數	席	危	機	傷	獨

21~30

이번 장에서 배울 내용입니다.
한자의 뜻과 음을 보고
단어의 의미를 유추해보세요.

豫 防
미리 **예** 막을 **방**

施 設
베풀 **시** 베풀 **설**

祕 密
숨길 **비** 빽빽할 **밀**

攻 擊
칠 **공** 칠 **격**

證 據
증거 **증** 근거 **거**

遺 跡
남길 **유** 발자취 **적**

廉 探
청렴할 **렴(염)**/ 살필 **렴(염)** 찾을 **탐**

爆 發
터질 **폭** 필 **발**

固 體
굳을 **고** 몸 **체**

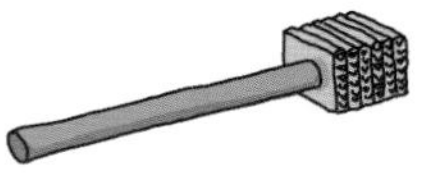

虛 構
빌 **허** 얽을 **구**

21 예방

豫 防

미리 예 막을 방

豫防(예방): 어떤 일이 일어나는 것을 미리 막음.

획순 豫 부수 豕

豫	豫	豫	豫	豫

획순 防 부수 阝

防	防	防	防	防

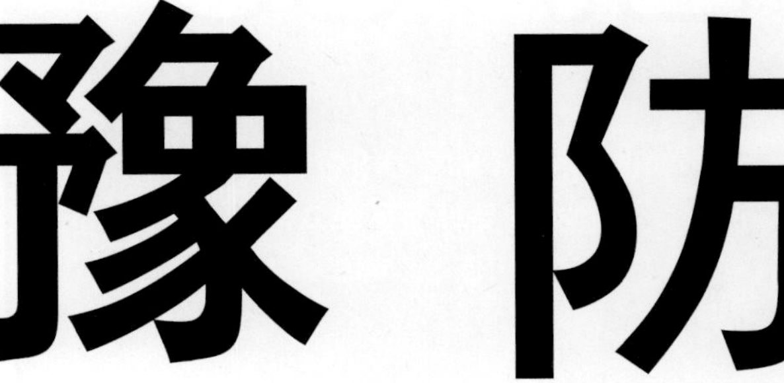

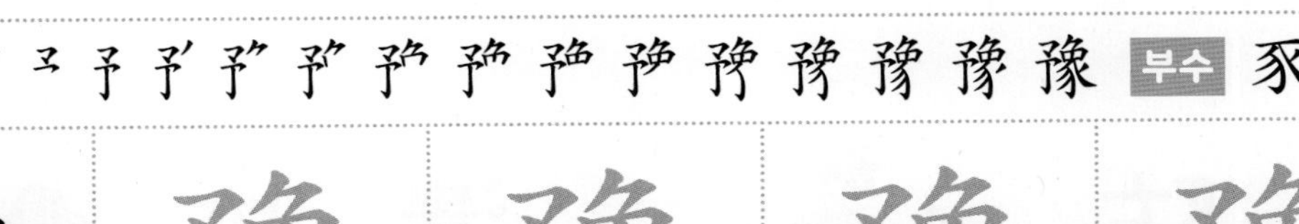

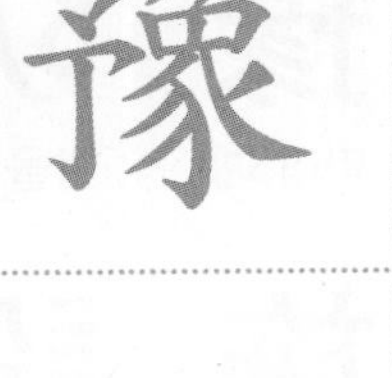

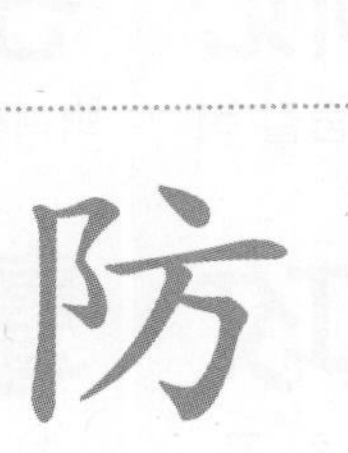

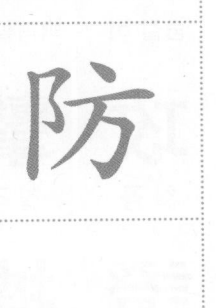

어휘력 豫와 防이 포함된 단어는 또 무엇이 있을까요?

생각 **상**

豫	想

예상: 일어날 일을 미리 생각해 봄.

전염병 **역**

防	疫

방역: 전염병이 발생하거나 유행하지 않도록 막는 일.

豫 **防**

맺을 **약**

豫	約

예약: 미리 약속함.

사라질 **소** 벼슬 **관**

消	防	官

소방관: 화재를 예방하고 화재 발생 시에 불을 끄는 일을 하는 공무원.

문해력 豫와 防이 포함된 단어는 문장에서 어떻게 쓰일까요?

나는 동생과 함께 독감 **豫防** 주사를 맞았다.

우리는 여행 가서 묵을 숙소를 **豫約**하였다.

22 유적

遺 跡

남길 유 발자취 적

遺跡(유적): 남아 있는 자취. 또는 역사적인 사건이 일어난 장소나 건축물 등을 말함.

획순 … 遺 부수 辶				
遺	遺	遺	遺	遺

획순 … 跡 부수 𧾷				
跡	跡	跡	跡	跡

어휘력 遺와 跡이 포함된 단어는 또 무엇이 있을까요?

遺跡

물건 **물**

遺物

유물: 앞선 세대가 다음 세대에 남긴 물건. 또는 죽은 사람이 살아있을 때 사용하다 남긴 물건.

사람 **인**

人跡

인적: 사람의 발자취. 또는 사람의 오고 감.

전할 **전**

遺傳

유전: 물려받아 전해짐.

흔적 **흔**

痕迹

흔적: 어떤 일이 지나간 뒤에 남은 자취.

문해력 遺와 跡이 포함된 단어는 문장에서 어떻게 쓰일까요?

우리 반은 신라시대 **遺跡**지로 견학을 갔다.

☆ 역사적 사건이 일어났던 장소나 옛사람들이 남긴 유적이 있는 곳을 유적지(遺跡地)라고 합니다.

박물관에는 시대별 역사 **遺物**들이 전시되어 있었다.

23 시설

施 設

베플 시　　베플 설

施設(시설): 도구나 장치 등을 베풀어 갖춤.

획순 丶 亠 方 方 方' 方ᐟ 旃 旃 施　부수 方

施	施	施	施	施

획순 丶 亠 亠 言 言 言 言 言' 訁几 訁殳 設　부수 言

設	設	設	設	設

어휘력 施와 設이 포함된 단어는 또 무엇이 있을까요?

다닐 **행**

施 行

시행: 실제로 행함.

둘 **치**

設 置

설치: 어떤 일에 필요한 기계나 설비를 베풀어 둠.

施設

열매 **실**

實 施

실시: 실제로 시행함.

셀 **계**

設 計

설계: 계획을 세움.

문해력 施와 設이 포함된 단어는 문장에서 어떻게 쓰일까요?

우리 학교 체육관은 **施設**이 잘 갖춰져 있다.

컴퓨터를 새로 샀더니 기사 아저씨가 집으로 방문하여 컴퓨터를 **設置**해주셨다.

24 염탐

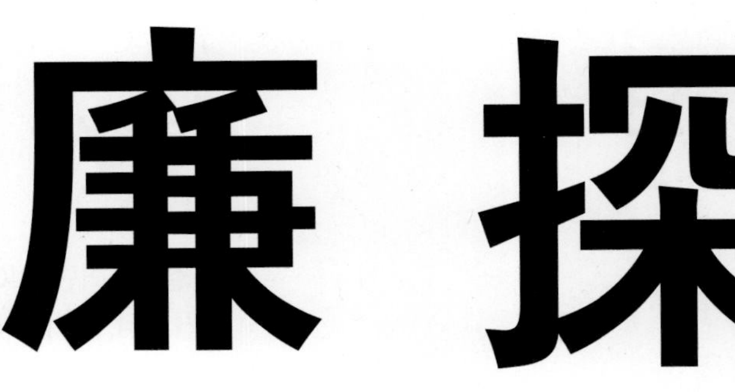

廉 探

청렴할 렴(염)/살필 렴(염) 찾을 탐

廉探(염탐): 몰래 다른 사람의 일이나 비밀을 살피고 알아봄.

획순 丶 亠 广 广 户 庐 庐 庐 庐 庳 廉 廉 廉 부수 广

廉	廉	廉	廉	廉

획순 一 十 扌 扌 扩 扩 扨 扨 捛 探 探 부수 扌

探	探	探	探	探

어휘력 廉과 探이 포함된 단어는 또 무엇이 있을까요?

낮을 **저**

低 廉

저렴: 물건 등의 값이 쌈.

찾을 **색**

探 索

탐색: 드러나지 않은 사실이나 현상을 알기 위해 살피고 찾음.

廉 探

맑을 **청**

淸 廉

청렴: 성품이 맑고 깨끗하며 탐욕이 없음.

염탐할 **정**

探 偵

탐정: 드러나지 않은 일이나 사건을 살펴 알아내는 사람.

문해력 廉과 探이 포함된 단어는 문장에서 어떻게 쓰일까요?

가게에서 할인을 많이 해서 물건을 <u>低廉</u>하게 살 수 있었다.

동생은 <u>探偵</u>이 사건을 추리하여 해결하는 추리 소설을 좋아한다.

25 비밀

祕 密

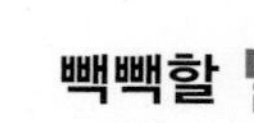

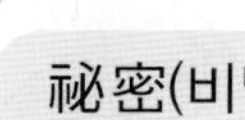

숨길 비　　　　빽빽할 밀

祕密(비밀): 다른 사람에게 숨겨서 알리지 않거나 알리지 말아야 할 일.

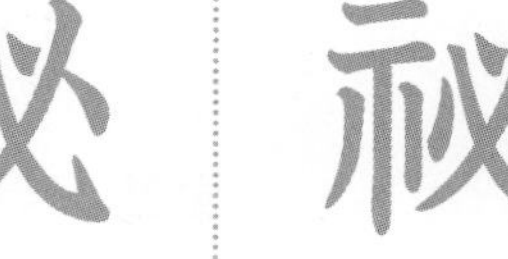

획순 祕　부수 示

祕	祕	祕	祕	祕

획순 密　부수 宀

密	密	密	密	密

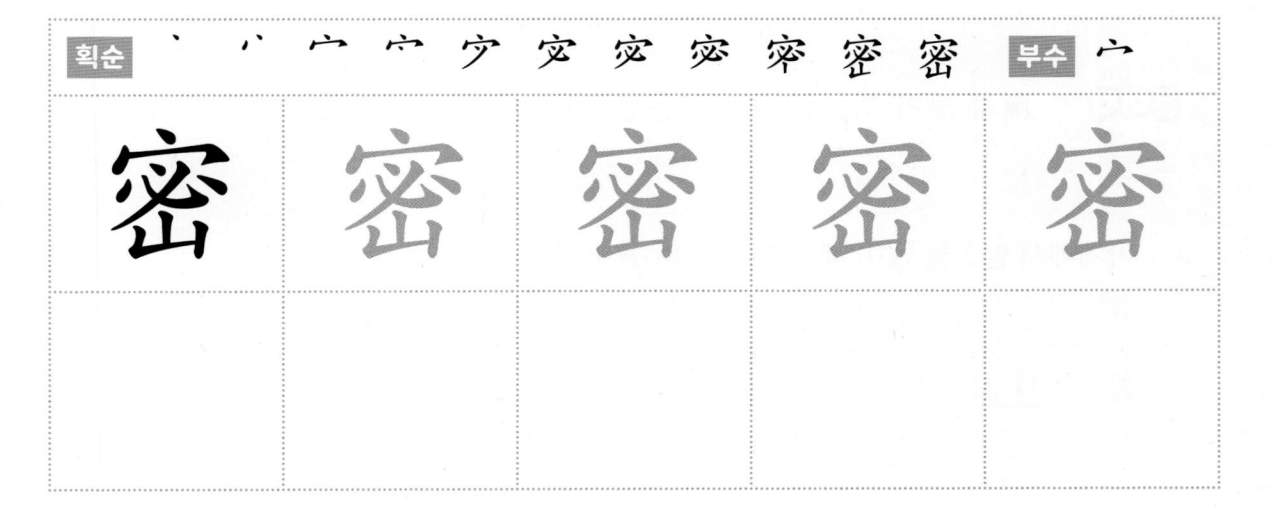

어휘력 祕와 密이 포함된 단어는 또 무엇이 있을까요?

법 **법**

祕法

비법: 다른 사람들에게 알려주지 않는 비밀스러운 방법.

가늘 **세**

細密

세밀: 사소한 것까지 구체적이고 꼼꼼함.

祕 密

이별할 **결**

祕訣

비결: 다른 사람들이 알지 못하는 자기만의 뛰어나고 효과적인 방법.

이을 **접**

密接

밀접: 가깝게 맞닿아 있음.

문해력 祕와 密이 포함된 단어는 문장에서 어떻게 쓰일까요?

우리는 어떤 **祕密**도 모두 털어놓을 수 있는 친한 친구이다.

그 소설은 등장 인물들의 감정이 **細密**하게 묘사된 것이 특징이다.

26 폭발

爆 發

터질 폭 필 발

爆發(폭발): 불이 일어나면서 갑자기 터짐.

획순 爆 부수 火

爆	爆	爆	爆	爆

획순 發 부수 癶

發	發	發	發	發

어휘력 爆과 發이 포함된 단어는 또 무엇이 있을까요?

爆	彈 탄알 **탄**

폭탄: 폭발성 물질을 용기에 넣어 던지거나 쏘아 터뜨리는 폭발물.

發	表 겉 **표**

발표: 어떤 사실이나 결과 등을 드러내어 세상에 알림.

爆 發

爆	破 깨뜨릴 **파**

폭파: 폭발시켜 부숨.

百 일백 **백**	發	百 일백 **백**	中 가운데 **중**

백발백중: 백 번 쏘아 백 번 맞힌다는 뜻으로 총이나 화살 등이 쏘는 대로 목표에 명중함을 의미하거나 무슨 일이든 틀림없이 잘 들어맞는 것을 의미함.

문해력 爆과 發이 포함된 단어는 문장에서 어떻게 쓰일까요?

공장에서 일어난 <u>爆發</u> 사고로 인근 주민들이 대피하는 일이 발생했다.

오늘은 수능 시험 결과가 <u>發表</u>되는 날이다.

27 공격

攻 擊

칠 공　　칠 격

攻擊(공격): 나아가서 적을 침. 또는 다른 사람을 비난하거나 심하게 비난하고 나섬.

획순 ㇐ 丅 工 工 玎 巧 攻　부수 攵

攻	攻	攻	攻	攻

획순 ㇐ ㇐ 𠃌 ... 車 軎 軎 軎 毄 毄 毄 擊 擊 擊 擊　부수 手

擊	擊	擊	擊	擊

어휘력 攻과 擊이 포함된 단어는 또 무엇이 있을까요?

침노할 **침**

侵 攻

침공: 다른 나라를 쳐들어가 공격함.

쏠 **사**

射 擊

사격: 총이나 활 등을 쏨.

攻 擊

간략할 **략(약)**/다스릴 **략(약)**

攻 略

공략: 적을 공격하여 영토를 빼앗음. 또는 적극적으로 어떤 영역이나 사람을 자신의 편으로 만드는 것을 비유적으로 이르는 말.

칠 **타**

打 擊

타격: 때려서 침. 또는 기를 꺾거나 그로 인한 손실.

문해력 攻과 擊이 포함된 단어는 문장에서 어떻게 쓰일까요?

상대 팀 선수들은 우리나라 선수들의 **攻擊**을 방어하기에 바빴다.

그 **射擊** 선수는 실력이 뛰어나서 총을 쏘면 모두 과녁에 명중하였다.

28 고체

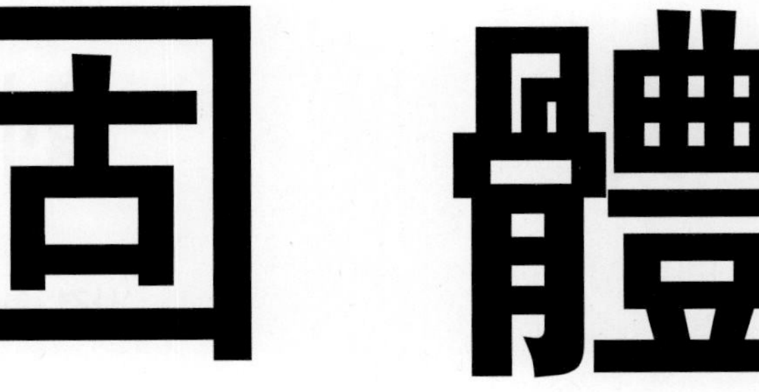

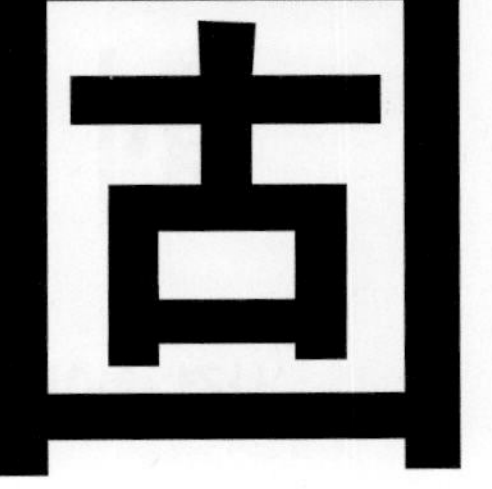

固 體

굳을 고 몸 체

固體(고체): 일정한 모양과 부피를 가지며 쉽게 변형되지 않는 물체로 나무, 돌, 쇠 등이 해당함.

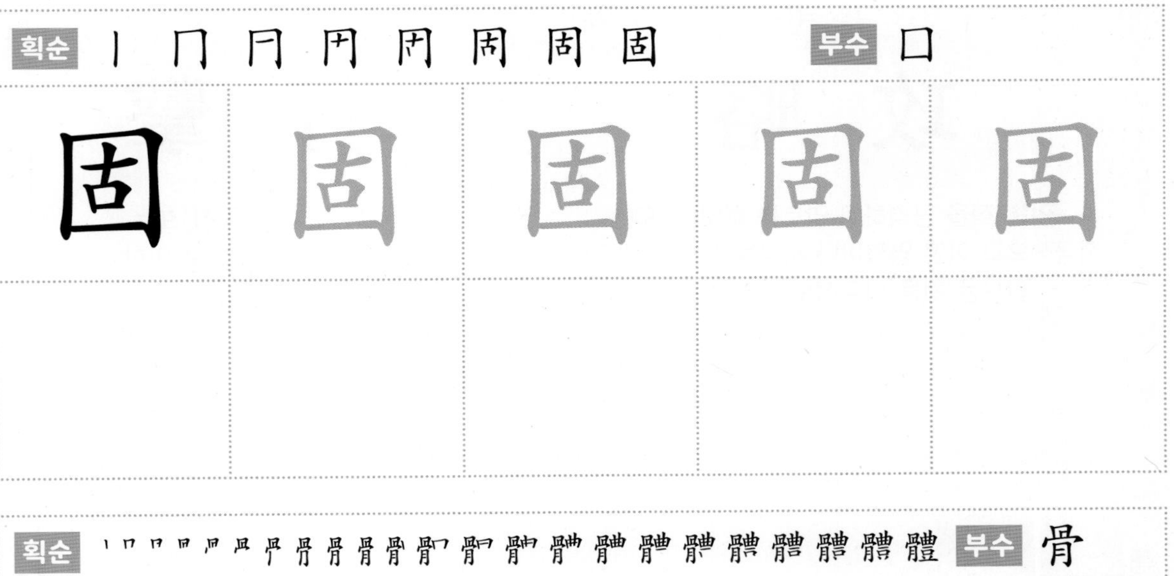

획순 　부수 口

획순 　부수 骨

어휘력 固와 體가 포함된 단어는 또 무엇이 있을까요?

정할 **정**

固 定

고정: 어떤 것을 정하여 변경하지 않거나 어떤 장소나 상태에서 움직이지 않음.

진 **액**

液 體

액체: 일정한 부피는 있지만 일정한 형태가 없고 유동적으로 변하는 물질.

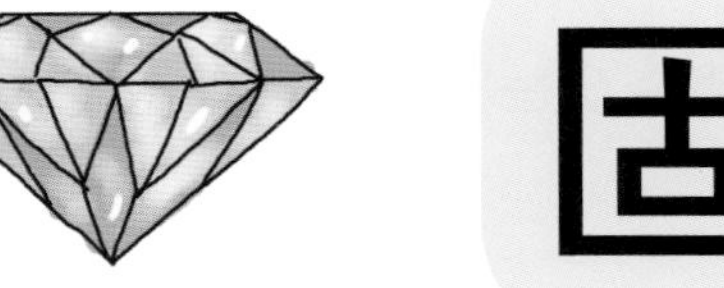

굳을 **견**

堅 固

견고: 굳고 단단함.

기운 **기**

氣 體

기체: 물질 상태의 하나로 일정한 모양과 부피를 가지지 않고 온도나 압력에 의해 부피가 쉽게 변함.

문해력 固와 體가 포함된 단어는 문장에서 어떻게 쓰일까요?

固體 상태인 얼음이 녹으면 液體 상태인 물이 된다.

이 건물은 오래 됐지만 매우 堅固하게 지어져 아직도 튼튼하다.

29 증거

證 據

증거 증　　　　근거 거

證據(증거): 어떤 것을 증명할 수 있는 근거.

획순 … 證 **부수** 言

證	證	證	證	證

획순 … 據 **부수** 扌

據	據	據	據	據

어휘력 證과 據가 포함된 단어는 또 무엇이 있을까요?

밝을 **명**	
證	明

증명: 어떤 것이 진실인지 아닌지를 증거를 들어 밝힘.

뿌리 **근**	
根	據

근거: 어떤 일이나 의견 등의 근본 까닭. 또는 어떤 활동의 근본 거점.

사람 **인**	
證	人

증인: 어떤 것을 증명할 수 있는 사람.

논할 **론(논)**	
論	據

논거: 이론이나 논리 등의 근거.

문해력 證과 據가 포함된 단어는 문장에서 어떻게 쓰일까요?

경찰이 **證據**를 제시하자 도둑은 자신이 물건을 훔쳤다고 자백했다.

과학자는 자신의 주장을 실험을 통해 **證明**하였다.

30 허구

虛 構

빌 허　　　얽을 구

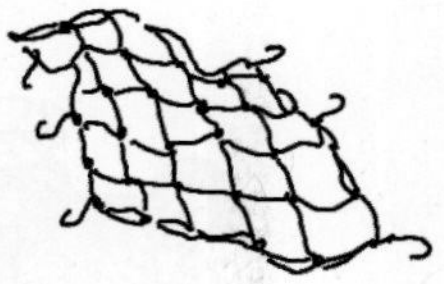

虛構(허구): 사실이 아닌 것을 사실처럼 꾸밈.

획순	丨 ⺊ 𠂉 广 卢 卢 虍 虍 虛 虛 虛 虛	부수	虍

虛	虛	虛	虛	虛

획순	一 十 才 木 木 木 木 木 構 構 構 構 構 構	부수	木

構	構	構	構	構

어휘력 虛와 構가 포함된 단어는 또 무엇이 있을까요?

虛構

거짓 **위**

虛僞

허위: 진실이 아닌 것을 진실처럼 꾸민 것.

이룰 **성**

構成

구성: 부분이나 요소들을 모아 일정한 전체를 짜 이룸.

빌 **공**

虛空

허공: 텅 빈 공중.

지을 **조**

構造

구조: 부분이 전체를 짜 이룸. 또는 그 짜임새.

문해력 虛와 構가 포함된 단어는 문장에서 어떻게 쓰일까요?

이 영화의 이야기는 사실이 아닌 **虛構**이다.

양궁 선수가 쏜 화살이 **虛空**을 가르며 날아갔다.

21 22 23 24 25 26 27 28 29 30

따라 쓰면서 복습

한자 쓰기 연습				단어 쓰기 연습
豫		防		▶
미리 예		막을 방		예방
遺		跡		▶
남길 유		발자취 적		유적
施		設		▶
베풀 시		베풀 설		시설
廉		探		▶
청렴할 렴(염)/ 살필 렴(염)		찾을 탐		염탐
祕		密		▶
숨길 비		빽빽할 밀		비밀

한자 쓰기 연습					단어 쓰기 연습
爆		發		▶	
터질 폭		필 발			폭발
攻		擊		▶	
칠 공		칠 격			공격
固		體		▶	
굳을 고		몸 체			고체
證		據		▶	
증거 증		근거 거			증거
虛		構		▶	
빌 허		얽을 구			허구

문제 풀면서 복습

1 주어진 뜻과 음에 일치하는 한자를 찾아 알맞은 기호를 표시하세요.

- 얽을 구 ○
- 빽빽할 밀 ☆
- 베풀 시 □
- 발자취 적 ◇
- 근거 거 △

設	據
爆	☆密
探	構
跡	施

2 주어진 뜻과 한자를 연결하고 한자에 맞는 음을 쓰세요.

뜻	한자	음
남기다 •	• 擊 ⇨	
청렴하다 /살피다 •	• 祕 ⇨	
숨기다 •	• 遺 ⇨	
치다 •	• 廉 ⇨	
굳다 •	• 固 ⇨	

3 주어진 뜻과 어울리는 한자어에 O 표시하세요.

1) 어떤 것을 증명할 수 있는 근거. 遺物 / 證據

2) 어떤 일이 일어나는 것을 미리 막음. 豫防 / 低廉

3) 사실이 아닌 것을 사실처럼 꾸밈. 虛構 / 虛空

4 다음 글을 읽고 주어진 한자가 각각 몇 번 나왔는지 그 횟수를 쓰세요.

우리 가족은 외식을 하기 위해 식당을 예약하기로 했다. 하지만 예상대로 인기있는 식당은 예약이 모두 찼다. 우리는 덜 유명하지만 저렴하고 시설이 좋은 식당을 예약했다. 음식이 너무 맛있어서 맛의 비결이 궁금했다.

豫 ( )

約 ( )

廉 ( )

施 ( )

設 ( )

祕 ( )

마무리 퀴즈

〈보기〉의 12개 단어와 일치하는 한자어가 아래의 표에 숨어있어요.
번호 순서대로 표에서 한자어를 찾아 O 표시하세요.

〈보기〉

1) 유적　2) 염탐　3) 폭발　4) 증명

5) 공격　6) 탐색　7) 설치　8) 구성

9) 견고　10) 침공　11) 청렴　12) 백발백중

遺	爆	廉	探	設	痕
跡	破	發	索	施	置
液	體	百	表	構	成
祕	堅	固	發	淸	造
論	侵	攻	證	百	廉
根	據	擊	明	人	中

31~40

이번 장에서 배울 내용입니다.
한자의 뜻과 음을 보고
단어의 의미를 유추해보세요.

依 支
의지할 **의** 지탱할 **지**

簡 單
간략할 **간** 홑 **단**

裝 飾
꾸밀 **장** 꾸밀 **식**

貯 蓄
쌓을 **저** 모을 **축**

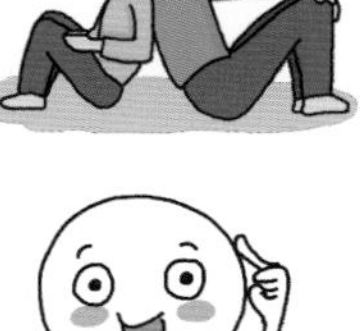

占 領
점령할 **점**/ 점칠 **점** 거느릴 **령(영)**

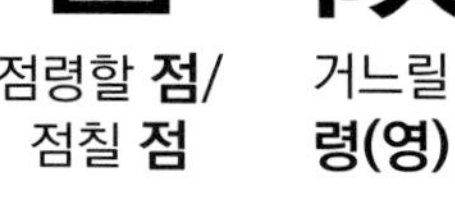

狀 態
형상 **상** 모습 **태**

創 造
비롯할 **창** 지을 **조**

逃 避
도망할 **도** 피할 **피**

疑 心
의심할 **의** 마음 **심**

採 擇
캘 **채** 가릴 **택**

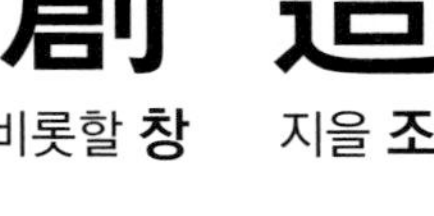

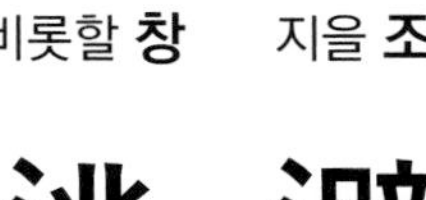

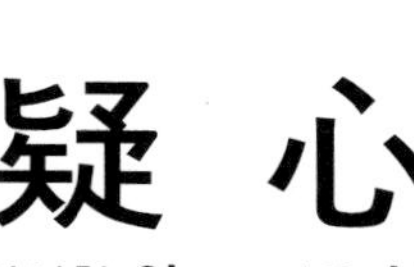

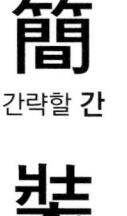

31 의지

依 **支**

의지할 의 지탱할 지

依支(의지): 어떤 것에 몸을 기댐. 또는 어떤 대상에 마음을 기대 도움을 받음.

획순 丿 亻 亻 亻 仁 仿 依 依 **부수** 亻

依	依	依	依	依

획순 一 十 ㄘ 支 **부수** 支

支	支	支	支	支

어휘력 依와 支가 포함된 단어는 또 무엇이 있을까요?

있을 **존**

依 存

의존: 어떤 것에 의지하여 존재함.

가질 **지**

支 持

지지: 어떤 사람이나 단체의 의견이나 정책 등에 찬성하고 동의하여 힘쓰고 도움.

依 支

부탁할 **탁**

依 託

의탁: 몸이나 마음을 어떤 것에 의지하고 맡김.

떨칠 **불**

支 拂

지불: 돈을 내거나 값을 치름.

문해력 依와 支가 포함된 단어는 문장에서 어떻게 쓰일까요?

언니는 내가 힘들 때 항상 <u>**依支**</u>할 수 있는 좋은 친구가 되어 준다.

부모님께서는 내가 하는 일을 항상 <u>**支持**</u>하고 응원해주신다.

32 상태

형상 상　　　　모습 태

狀態(상태): 사물이나 현상이 처한 모양이나 형편.

획순	丨 丬 丬 爿 爿 爿 狀 狀	부수	犬

狀 狀 狀 狀 狀

획순	𠂉 厶 ⺈ 台 肙 肙 育 能 能 能 能 態 態 態	부수	心

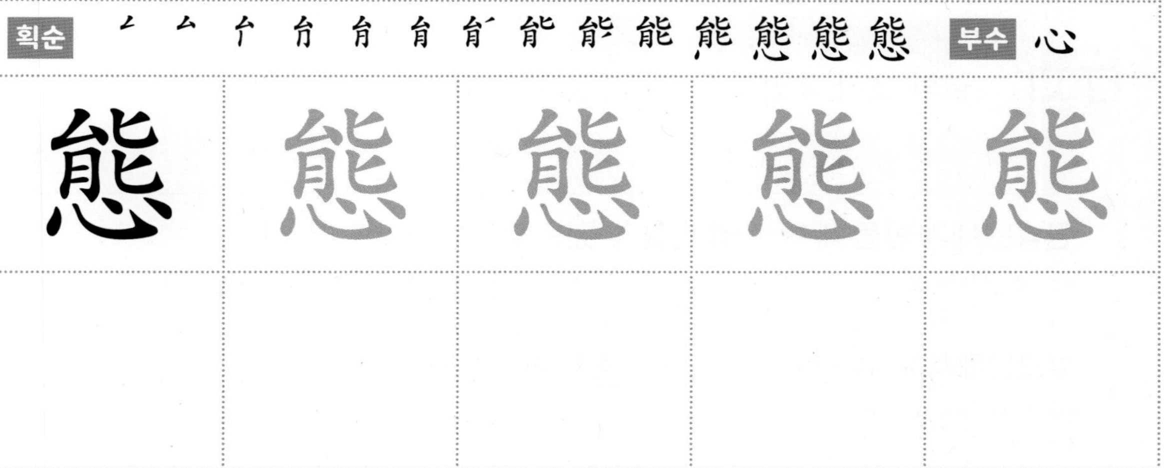

어휘력 狀과 態가 포함된 단어는 또 무엇이 있을까요?

상황 **황**/하물며 **황**

狀 況

상황: 어떤 일이 진행되는 과정이나 형편.

모양 **형**

形 態

형태: 사물의 모양.

狀 態

증세 **증**

症 狀

증상: 병을 앓을 때 나타나는 여러가지 현상.

법도 **도**

態 度

태도: 몸의 동작이나 모양새. 또는 어떤 일이나 상황을 대할 때 가지는 마음가짐이나 자세.

문해력 狀과 態가 포함된 단어는 문장에서 어떻게 쓰일까요?

그는 오랜 여행으로 많이 지친 狀態이다.

나는 감기 症狀이 있어 병원에 가서 약을 처방 받았다.

33 간단

簡 單

간략할 간 홑 단

簡單(간단): 간략하고 단순함. 또는 어렵지 않고 손쉬움.

획순 … 筲 筲 簡 簡 簡 簡 부수 竹

簡	簡	簡	簡	簡

획순 … 㗊 單 부수 口

單	單	單	單	單

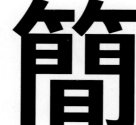

어휘력 簡과 單이 포함된 단어는 또 무엇이 있을까요?

깨끗할 **결**

簡潔

간결: 간단하고 깔끔함.

순수할 **순**

單純

단순: 복잡하지 않고 간단함.

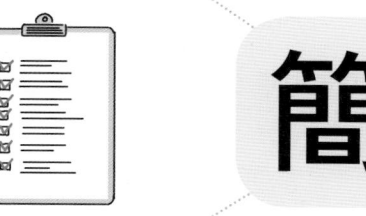

單

간략할 **략(약)**

簡略

간략: 간단하고 짧음.

말씀 **어**

單語

단어: 분리하여 자립적으로 쓸 수 있는 말의 최소 단위.

문해력 簡과 單이 포함된 단어는 문장에서 어떻게 쓰일까요?

점심에 밥을 많이 먹었더니 배가 불러서 저녁은 **簡單**하게 먹었다.

이 책은 문장이 **簡潔**하고 명확해서 이해하기 쉽다.

34 창조

創 造

비롯할 창　　　　지을 조

創造(창조): 없던 것을 처음 새로 만들어 냄.

획순 創 **부수** 刂

創	創	創	創	創

획순 造 **부수** 辶

造	造	造	造	造

어휘력 創과 造가 포함된 단어는 또 무엇이 있을까요?

지을 **작**

創作

창작: 처음으로 만들어 냄.

지을 **제**

製造

제조: 공장 등에서 물건을 만듦.

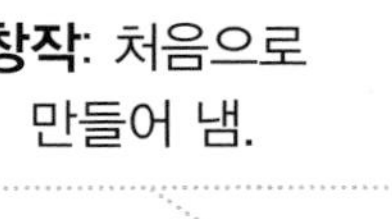

創 造

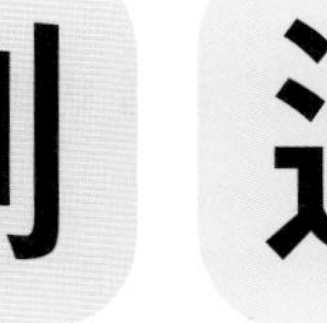

뜻 **의**

創意

창의: 여태까지 없었던 새로운 의견.

거짓 **위**

僞造

위조: 속일 목적으로 어떤 물건을 진짜와 비슷하게 만듦.

문해력 創과 造가 포함된 단어는 문장에서 어떻게 쓰일까요?

미술 선생님은 내가 그린 그림이 **創意**적이라며 칭찬하셨다.

식품 포장지에 **製造**일자와 유통기한이 적혀 있었다.

35 장식

裝 飾

꾸밀 장　　꾸밀 식

裝飾(장식): 겉을 예쁘게 꾸밈.

획순 … 裝	부수 衣			
裝	裝	裝	裝	裝

획순 … 飾	부수 飠			
飾	飾	飾	飾	飾

어휘력 裝과 飾이 포함된 단어는 또 무엇이 있을까요?

쌀 **포**/꾸러미 **포**

包裝

포장: 종이나 천 등으로 물건을 쌈.

거짓 **가**

假飾

가식: 행동 등을 거짓으로 꾸밈.

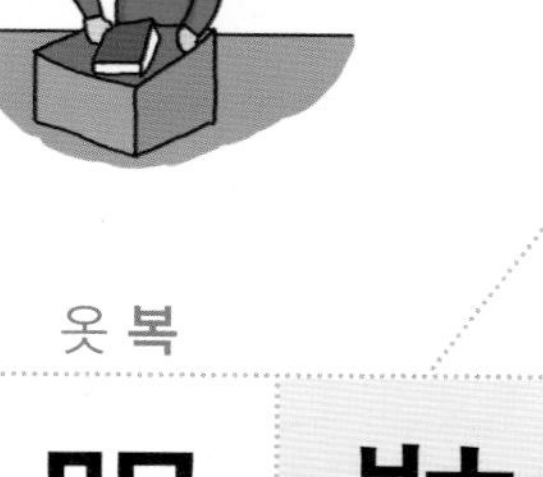

裝 飾

옷 **복**

服裝

복장: 옷을 갖춰 입은 모양.

빌 **허** 예도 **례(예)** 빌 **허**

虛禮虛飾

허례허식: 겉만 번드르르하게 꾸민 예절이나 법식 등을 말함.

문해력 裝과 飾이 포함된 단어는 문장에서 어떻게 쓰일까요?

우리는 성탄절을 맞이하여 크리스마스 트리를 예쁘게 裝飾했다.

나는 친구에게 줄 선물을 예쁘게 包裝했다.

36 도피

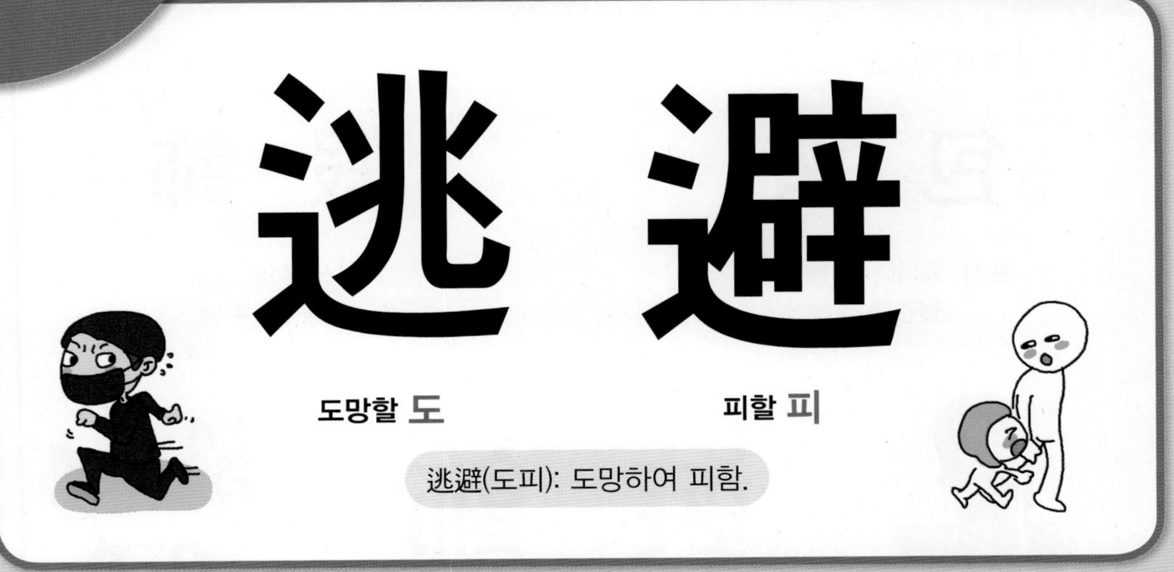

逃 避

도망할 도　　피할 피

逃避(도피): 도망하여 피함.

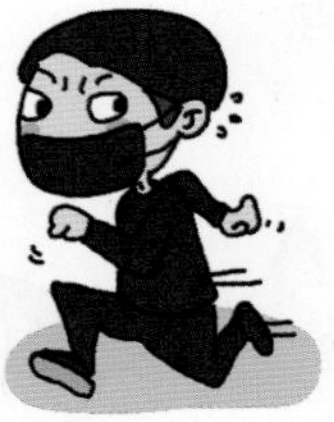

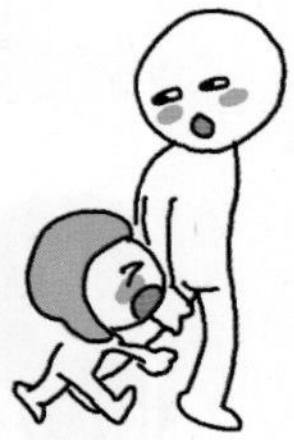

획순 逃　부수 辶

逃	逃	逃	逃	逃

획순 避　부수 辶

避	避	避	避	避

어휘력 逃와 避가 포함된 단어는 또 무엇이 있을까요?

망할 **망**

逃 亡

도망: 피해서 달아나거나 쫓기어 달아남.

기다릴 **대**

待 避

대피: 위험을 일시적으로 피함.

달릴 **주**

逃 走

도주: 피하여 달아남.

더울 **서**

避 暑

피서: 시원한 곳으로 가서 더위를 피함.

문해력 逃와 避가 포함된 단어는 문장에서 어떻게 쓰일까요?

도둑은 경찰을 피해 **逃亡**치다가 결국 붙잡혔다.

이번 여름에 우리 가족은 바닷가로 **避暑**를 갔다.

31 32 33 34 35 **36** 37 38 39 40

37 저축

貯 蓄

쌓을 저　　모을 축

貯蓄(저축): 아껴서 모아 둠.

획순	丨 冂 月 目 目 貝 貝 貝' 貝'' 貝宀 貝宀 貯	부수	貝
貯	貯	貯	貯	貯

획순	一 十 艹 艹 芏 芓 荅 荄 蓄 蓄 蓄 蓄 蓄	부수	艹
蓄	蓄	蓄	蓄	蓄

어휘력 貯와 蓄이 포함된 단어는 또 무엇이 있을까요?

감출 **장**

貯 藏

저장: 물건 등을 모아서 보관함.

쌓을 **적**

蓄 積

축적: 지식이나 자금 등을 모아서 쌓음.

貯 蓄

쇠 **금**

貯 金

저금: 돈을 모아 둠.

머금을 **함**

含 蓄

함축: 겉으로 드러내지 않고 간직함. 또는 말이나 글에 많은 내용을 담고 있음.

문해력 貯와 蓄이 포함된 단어는 문장에서 어떻게 쓰일까요?

언니는 학교에서 과제할 때 필요한 노트북을 사기 위해 열심히 **貯蓄**한다.

나는 어른들께서 주신 세뱃돈을 쓰지 않고 **貯金**했다.

38 의심

疑 心

의심할 의 마음 심

疑心(의심): 믿지 못하는 마음.

획순	疑	부수	疋
疑	疑	疑	疑	疑

획순	心	부수	心
心	心	心	心	心

어휘력 疑와 心이 포함된 단어는 또 무엇이 있을까요?

물을 **문**

疑 問

의문: 의심스럽게 생각하여 생기는 물음.

점 **점**

點 心

점심: 하루에서 해가 가장 높이 떠 있는 때. 또는 낮에 끼니로 먹는 음식이나 낮에 끼니를 먹는 일.

疑 心

얼굴 **용** 놈 **자**

容 疑 者

용의자: 범죄를 저질렀다고 의심되어 조사의 대상이 된 사람.

씨 **핵**

核 心

핵심: 사물의 가장 중심 부분.

문해력 疑와 心이 포함된 단어는 문장에서 어떻게 쓰일까요?

나는 수업시간에 <u>疑問</u> 나는 점을 선생님께 질문했다.

나는 친구와 <u>點心</u>에 분식집에서 떡볶이를 먹었다.

31 32 33 34 35 36 37 38 39 40

39 점령

占 領

점령할 점/점칠 점

거느릴 령(영)

占領(점령): 어떤 장소를 차지함.
또는 전쟁 중인 군대가 적의 영토를 군사적 지배 아래에 둠.

획순 丨 ⺊ ⺊ 占 占 부수 ⺊

占	占	占	占	占

획순 丿 人 亽 令 令 令 令 令 領 領 領 領 領 領 부수 頁

領	領	領	領	領

어휘력 占과 領이 포함된 단어는 또 무엇이 있을까요?

占	據
	근거 **거**

점거: 어떤 장소를 차지함.

領	土
	흙 **토**

영토: 국가의 통치권이 미치는 지역.

買	占	賣	惜
살 **매**		팔 **매**	아낄 **석**

매점매석: 물건의 값이 오를 것이라고 생각하여 많이 사두고 팔지 않음.

領	域
	지경 **역**

영역: 관계되는 범위. 또는 나라의 주권이 미치는 범위.

문해력 占과 領이 포함된 단어는 문장에서 어떻게 쓰일까요?

그들은 격전 끝에 적국의 수도를 <u>占領</u>했다.

시위대가 도로를 <u>占據</u>하는 바람에 교통 혼잡을 빚었다.

40 채택

採 擇

캘 채　　　　가릴 택

採擇(채택): 의견이나 제도 등을 골라서 뽑아 씀.

획순	一 扌 扌 扌 扌 扌 扌 扌 扌 扌 採		부수	扌
採	採	採	採	採

획순	一 扌 扌 扌 扌 扌 扌 扌 扌 扌 扌 扌 扌 扌 扌 擇		부수	扌
擇	擇	擇	擇	擇

어휘력 採와 擇이 포함된 단어는 또 무엇이 있을까요?

採擇

採	用
	쓸 **용**

채용: 사람을 골라서 뽑아 씀.

選	擇
가릴 **선**	

선택: 여러 가지 중에 골라서 뽑음.

採	集
	모을 **집**

채집: 어떤 것을 널리 찾아서 모으거나 캐거나 잡아서 모음.

兩	者	擇	一
두 **량(양)**	놈 **자**		한 **일**

양자택일: 둘 중에 하나를 고름.

문해력 採와 擇이 포함된 단어는 문장에서 어떻게 쓰일까요?

이번에 많은 기업들이 대규모로 신입 사원 <u>採用</u> 공고를 냈다.

새로 생긴 가게는 물건이 다양해서 <u>選擇</u>의 폭이 넓다.

따라 쓰면서 복습

한자 쓰기 연습				단어 쓰기 연습
依		支		
의지할 의		지탱할 지		의지
狀		態		
형상 상		모습 태		상태
簡		單		
간략할 간		홑 단		간단
創		造		
비롯할 창		지을 조		창조
裝		飾		
꾸밀 장		꾸밀 식		장식

한자 쓰기 연습					단어 쓰기 연습
逃 도망할 도		避 피할 피		▶	도피
貯 쌓을 저		蓄 모을 축		▶	저축
疑 의심할 의		心 마음 심		▶	의심
占 점령할 점/점칠 점		領 거느릴 령(영)		▶	점령
採 캘 채		擇 가릴 택		▶	채택

문제 풀면서 복습

1 주어진 뜻과 음에 일치하는 한자를 찾아 알맞은 기호를 표시하세요.

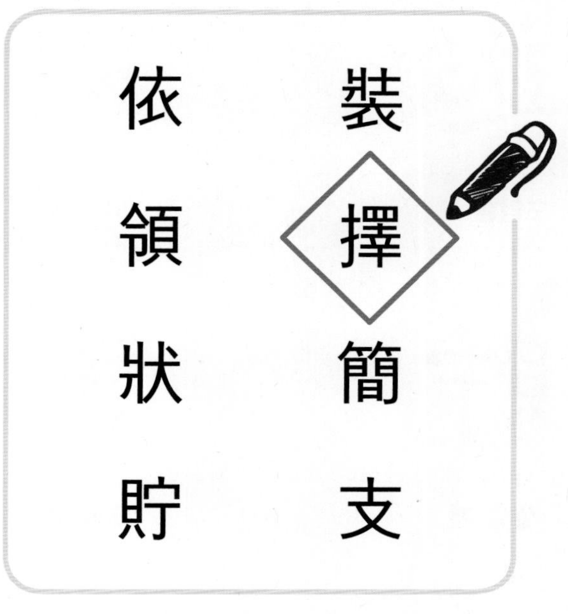

2 주어진 뜻과 한자를 연결하고 한자에 맞는 음을 쓰세요.

꾸미다 •	• 避 ⇨	
모습 •	• 飾 ⇨	
피하다 •	• 疑 ⇨	
의심하다 •	• 蓄 ⇨	
모으다 •	• 態 ⇨	

3 주어진 뜻과 어울리는 한자어에 O 표시하세요.

1) 간략하고 단순함. 또는 어렵지 않고 손쉬움. 疑問 / 簡單

2) 아껴서 모아 둠. 貯蓄 / 領域

3) 사람을 골라서 뽑아 씀. 採用 / 選擇

4 다음 글을 읽고 주어진 한자가 각각 몇 번 나왔는지 그 횟수를 쓰세요.

우리 가족은 크리스마스를 맞이해 크리스마스 트리를 장식했다.
그리고 각자 선물을 준비하고 다른 사람의 선물을 선택하기로 했다.
나는 예쁘게 포장된 선물을 선택했다.
선물을 교환하고 우리는 점심에 나가서 외식을 했다.

裝 ( )
飾 ( )
包 ( )
選 ( )
擇 ( )
點 ( )

마무리 퀴즈

〈보기〉의 12개 단어와 일치하는 한자어가 아래의 표에 숨어있어요.
번호 순서대로 표에서 한자어를 찾아 O 표시하세요.

〈보기〉

1) 의지 2) 상태 3) 창의 4) 축적

5) 의문 6) 도피 7) 점령 8) 채택

9) 단순 10) 태도 11) 지불 12) 간결

包	態	度	蓄	創	意
簡	存	服	裝	積	況
潔	走	逃	避	採	略
占	疑	單	域	擇	集
貯	問	依	純	狀	態
據	金	支	拂	占	領

41~50

이번 장에서 배울 내용입니다.
한자의 뜻과 음을 보고
단어의 의미를 유추해보세요.

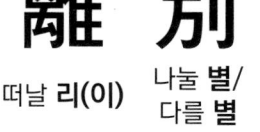

한자	뜻과 음	한자	뜻과 음
聽	들을 **청**	衆	무리 **중**
段	층계 **단**	階	섬돌 **계**
餘	남을 **여**	裕	넉넉할 **유**
嚴	엄할 **엄**	格	격식 **격**
繼	이을 **계**	承	이을 **승**

한자	뜻과 음	한자	뜻과 음
資	재물 **자**	源	근원 **원**
離	떠날 **리(이)**	別	나눌 **별**/ 다를 **별**
威	위엄 **위**	勢	형세 **세**
權	권세 **권**	力	힘 **력(역)**
混	섞을 **혼**	亂	어지러울 **란(난)**

41 청중

聽 衆

들을 청 　　　 무리 중

聽衆(청중): 강연이나 음악 등을 듣는 사람들 무리.

획순 … 聽 부수 耳

聽	聽	聽	聽	聽

획순 … 衆 부수 血

衆	衆	衆	衆	衆

어휘력 聽과 衆이 포함된 단어는 또 무엇이 있을까요?

볼 **시**

視 聽

시청: 보고 들음.

무리 **군**

群 衆

군중: 한 곳에 무리 지어 모인 많은 사람들.

聽 衆

기울 **경**

傾 聽

경청: 다른 사람의 말을 귀기울여 들음.

볼 **관**

觀 衆

관중: 운동 경기 등을 구경하는 사람들 무리.

문해력 聽과 衆이 포함된 단어는 문장에서 어떻게 쓰일까요?

가수는 객석의 **聽衆**들을 향해 인사했다.

경기장은 경기를 보러 온 **觀衆**들로 북적였다.

41 42 43 44 45 46 47 48 49 50

42 자원

資 源

재물 자　　　근원 원

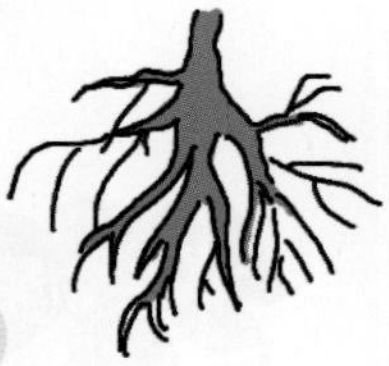

資源(자원): 인간의 생활이나 경제적인 생산에 쓰이는 물질적 원료나 노동력, 기술 등을 모두 이르는 말.

획순	丶 冫 冫 次 次 次 咨 咨 咨 資 資 資 資	부수	貝

資	資	資	資	資

획순	丶 丶 氵 氵 汀 沥 沥 沥 源 源 源 源 源	부수	氵

源	源	源	源	源

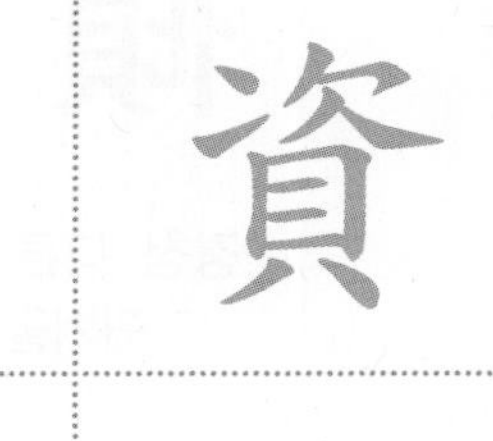

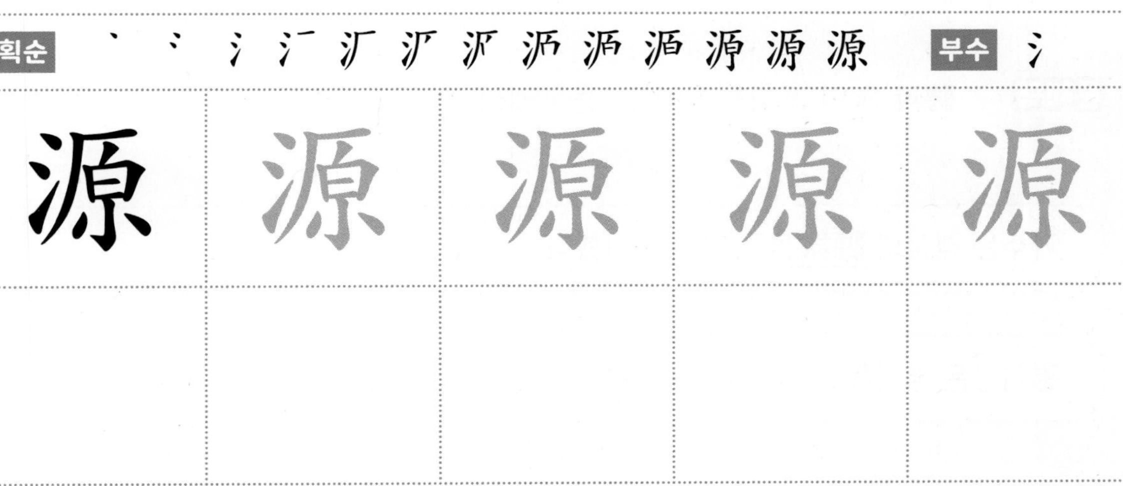

어휘력 資와 源이 포함된 단어는 또 무엇이 있을까요?

격식 **격**

資 格

자격: 일정한 신분이나 지위. 또는 어떤 일에 필요한 조건이나 능력.

일어날 **기**

起 源

기원: 사물이 처음으로 발생한 근원.

資 源

헤아릴 **료(요)**

資 料

자료: 연구나 조사 등의 일을 하는 데에 바탕이 되는 재료.

샘 **천**

源 泉

원천: 사물의 근원.

문해력 資와 源이 포함된 단어는 문장에서 어떻게 쓰일까요?

그 나라는 지하<u>資源</u>이 풍부하여 세계 여러 나라로 수출한다.

선생님은 수업시간에 학생들에게 학습 <u>資料</u>를 나눠주었다.

41 42 43 44 45 46 47 48 49 50

43 단계

段 階

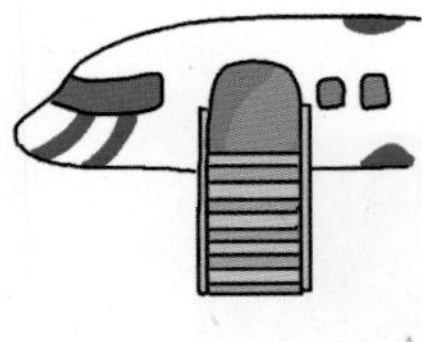

층계 단　　　섬돌 계

段階(단계): 일이 차례대로 나아가는 과정.

획순	부수 殳			
段	段	段	段	段

획순	부수 阝			
階	階	階	階	階

어휘력 段과 階가 포함된 단어는 또 무엇이 있을까요?

段 階

階段

계단: 높이가 다른 곳을 오르내릴 수 있도록 만든 층층대.

층 **층**

階層

계층: 사회적 지위 등에 따라 나누어진 사람들의 부류.

손 **수**

手段

수단: 목적을 이루기 위해 사용하는 방법이나 도구.

등급 **급**

階級

계급: 사회나 조직에서 지위나 관직의 단계. 또는 사회에서 조건이 비슷한 사람들로 이루어진 집단이나 그런 방식으로 나누어진 사회적 지위.

문해력 段과 階가 포함된 단어는 문장에서 어떻게 쓰일까요?

엘리베이터가 고장 나서 우리는 어쩔 수 없이 **階段**으로 걸어 올라갔다.

군대는 **階級**이 엄격하게 나뉘어진 조직이다.

44 이별

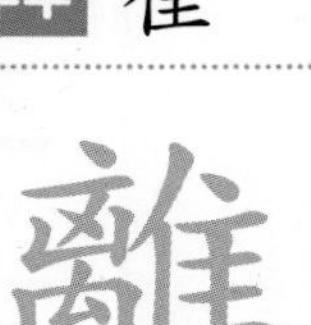

離 別

떠날 리(이) 나눌 별/다를 별

離別(이별): 서로 떨어지거나 헤어짐.

획순 ` 亠 ナ 文 㐫 㓁 产 宫 离 离 离 离' 离' 离ﾞ 離 離 離 離 부수 隹				
離	離	離	離	離

획순 丨 ㄇ 口 号 另 別 別 부수 刂				
別	別	別	別	別

어휘력 離와 別이 포함된 단어는 또 무엇이 있을까요?

離 別

떨어질 **거**

距 離

거리: 두 물건이나 장소가 공간적으로 떨어져 있는 정도.

특별할 **특**

特 別

특별: 일반적인 것과 구별되게 다름.

나눌 **분**

分 離

분리: 서로 나누어져 떨어짐.

이별할 **결**

訣 別

결별: 기약 없는 헤어짐.

문해력 離와 別이 포함된 단어는 문장에서 어떻게 쓰일까요?

영화에서 남녀 주인공은 **離別**했다가 다시 만나게 된다.

수학 시험에 두 점 사이의 **距離**가 얼마인지 묻는 문제가 나왔다.

45 여유

餘 裕

남을 여 　 넉넉할 유

餘裕(여유): 넉넉하여 남음.

획순 餘 **부수** 飠

餘	餘	餘	餘	餘

획순 裕 **부수** 衤

裕	裕	裕	裕	裕

어휘력 餘와 裕가 포함된 단어는 또 무엇이 있을까요?

餘 裕

흰 **백**

餘 

여백: 종이 등에 글씨를 쓰거나 그림을 그리고 남은 빈 부분.

부유할 **부**

富 裕

부유: 재산이나 재물이 넉넉함.

운 **운**

餘 韻

여운: 어떤 일이나 현상 등이 끝나고 남아있는 운치나 울림.

복 **복**

裕 福

유복: 살림이 넉넉함.

문해력 餘와 裕가 포함된 단어는 문장에서 어떻게 쓰일까요?

내 동생은 내일이 시험인데 餘裕롭게 텔레비전을 본다.

그는 富裕한 집에서 태어나 어려움을 모르고 자랐다.

41 42 43 44 **45** 46 47 48 49 50

46 위세

威 勢
위엄 위
형세 세
威勢(위세): 위엄 있고 사나운 기세. 또는 두려워하게 만들어 따르게 하는 힘.

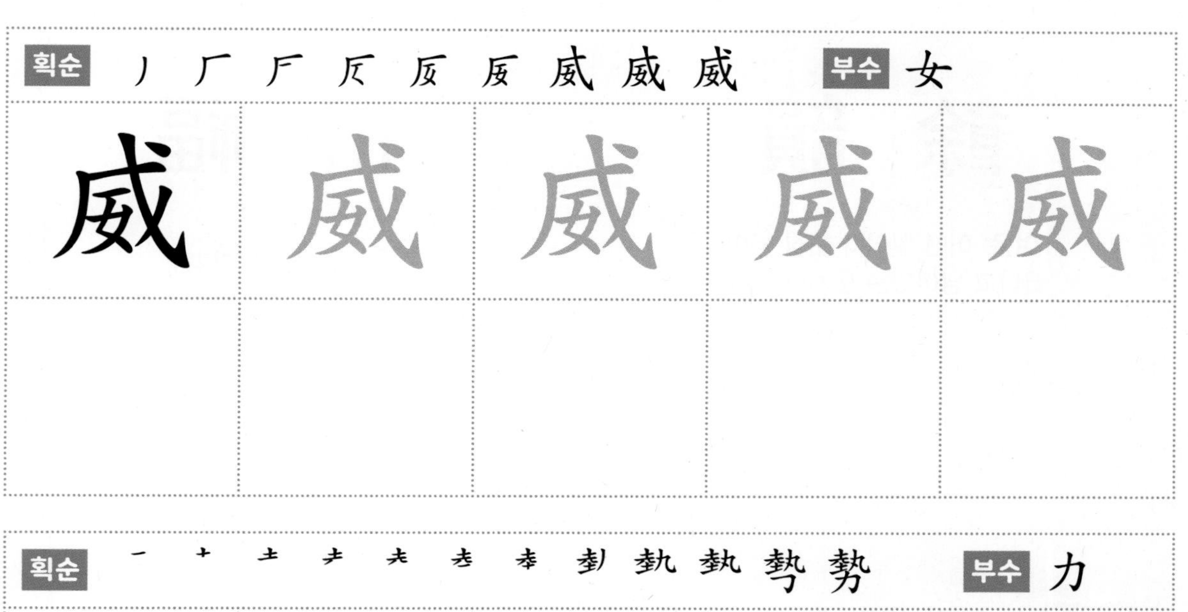

획순 부수 力

勢 勢 勢 勢 勢

어휘력 威와 勢가 포함된 단어는 또 무엇이 있을까요?

힘 **력(역)**

威 力

위력: 상대를 압도하는 강한 힘.

기운 **기**

氣 勢

기세: 기운찬 형세.

威 勢

보일 **시**

示 威

시위: 위력을 드러내 보임. 또는 많은 사람들이 모여서 요구 사항을 주장하거나 의사를 표시하며 집회나 행진을 하면서 위력을 나타냄.

넉넉할 **우**/뛰어날 **우**

優 勢

우세: 상대보다 힘이나 세력이 강함.

문해력 威와 勢가 포함된 단어는 문장에서 어떻게 쓰일까요?

정부의 정책에 반대하는 시민들이 示威를 한다.

상대 팀 선수 한 명이 반칙으로 퇴장을 당해 우리나라 팀이 수적으로 優勢했다.

47 엄격

嚴 格

엄할 엄 격식 격

嚴格(엄격): 태도나 규칙 등이 엄하고 철저함.

획순 丨 口 口 吅 吅 吅 吅 严 严 严 严 严 严 严 嚴 嚴 嚴 嚴 嚴 嚴				부수 口
嚴	嚴	嚴	嚴	嚴

획순 一 十 才 木 木 杪 柊 柊 格 格				부수 木
格	格	格	格	格

어휘력 嚴과 格이 포함된 단어는 또 무엇이 있을까요?

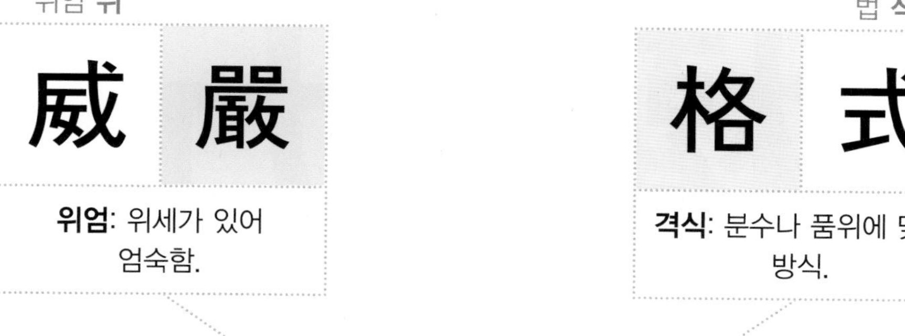

위엄 **위**

威嚴

위엄: 위세가 있어 엄숙함.

법 **식**

格式

격식: 분수나 품위에 맞는 방식.

嚴 格

엄숙할 **숙**

嚴肅

엄숙: 장엄하고 정숙함.

말씀 **언**

格言

격언: 인생의 교훈을 간결하고 짧게 표현한 글.

문해력 嚴과 格이 포함된 단어는 문장에서 어떻게 쓰일까요?

우리 학교 기숙사는 규율이 <u>嚴格</u>해서 입실 시간을 조금이라도 어기면 벌칙을 받는다.

결혼식은 성당에서 <u>嚴肅</u>하게 진행되었다.

48 권력

權 力

권세 권　　　힘 력(역)

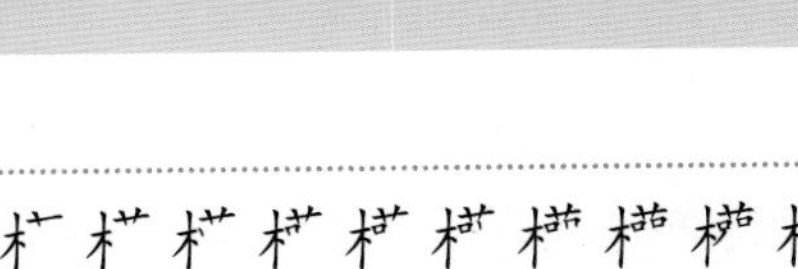

權力(권력): 다른 사람을 따르게 하고 지배할 수 있는 공식적으로 인정받은 권리와 힘.

획순 一 十 才 木 … 權　**부수** 木

權	權	權	權	權

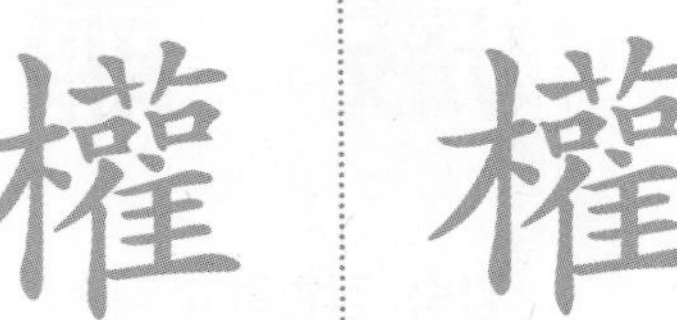

획순 ㇆ 力　**부수** 力

力	力	力	力	力

어휘력 權과 力이 포함된 단어는 또 무엇이 있을까요?

위엄 **위**

權 威

권위: 다른 사람을 지휘하고 통솔하는 힘. 또는 어떤 분야에서 인정받고 영향력을 가지는 위신.

화합할 **협**

協 力

협력: 서로 힘을 합하여 도움.

權 力

사람 **인**

人 權

인권: 인간이 가지는 기본적인 권리.

사나울 **폭**

暴 力

폭력: 다른 사람을 제압할 때 사용하는 거칠고 사나운 힘.

문해력 權과 力이 포함된 단어는 문장에서 어떻게 쓰일까요?

국제 사회는 독재 국가의 <u>人權</u> 탄압에 우려의 입장을 표했다.

각국 정상은 국가간 경제 <u>協力</u> 방안에 대해 논의하였다.

49 계승

繼 承

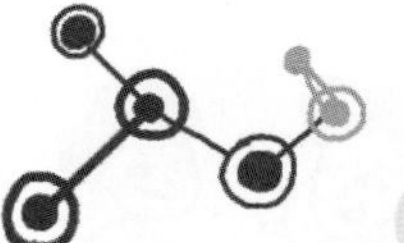

이을 계　　　이을 승

繼承(계승): 조상의 유산이나 전통을 물려받아 이어감.
또는 선대의 의무 등을 후대가 이어 받음.

획순 (繼 획순) **부수** 糸

繼	繼	繼	繼	繼

획순 (承 획순) **부수** 手

承	承	承	承	承

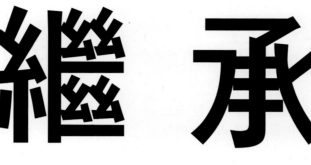

어휘력 繼와 承이 포함된 단어는 또 무엇이 있을까요?

이을 **속**

繼 續

계속: 끊이지 않고 잇따라.

허락할 **낙(락)**

承 諾

승낙: 부탁이나 청을 들어줌.

달릴 **주**

繼 走

계주: 네 명이 한 팀이 되어 배턴을 주고 받으며 일정한 구간을 달리는 육상 경기.

알 **인**

承 認

승인: 어떤 일을 마땅하다고 인정하여 받아들임.

문해력 繼와 承이 포함된 단어는 문장에서 어떻게 쓰일까요?

우리 반은 운동회 때 <u>**繼走**</u> 경기에서 1등을 하였다.

담임 선생님께서는 수학여행을 가려면 부모님의 <u>**承諾**</u>을 받아야 한다고 하셨다.

41 42 43 44 45 46 47 48 49 50

50 혼란

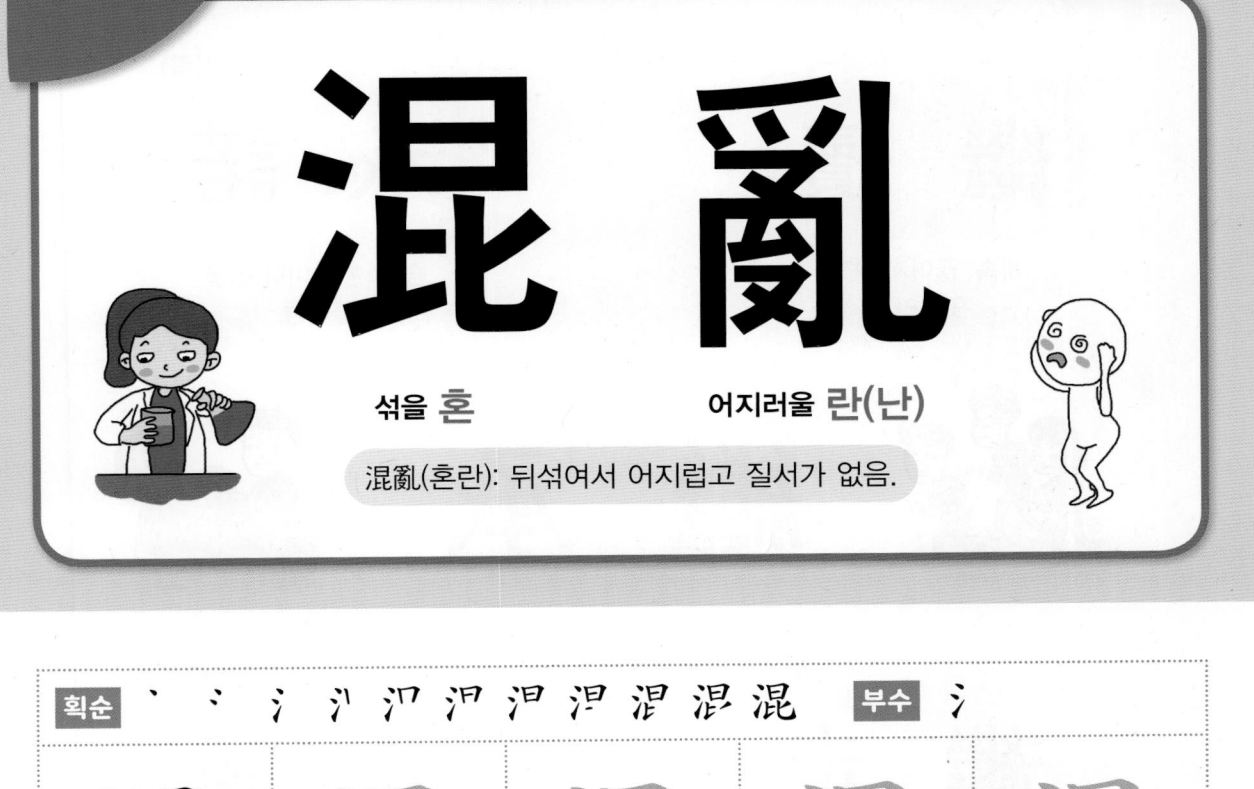

混 亂

섞을 혼 어지러울 란(난)

混亂(혼란): 뒤섞여서 어지럽고 질서가 없음.

획순 丶 冫 氵 氵 汩 汩 沪 浥 浥 涅 混 부수 氵

混	混	混	混	混

획순 一 𠂉 𠂊 𠂌 爫 爫 𠄌 𠃓 𠃓 𠃓 𠃓 𠃓 亂 부수 乚

亂	亂	亂	亂	亂

어휘력 混과 亂이 포함된 단어는 또 무엇이 있을까요?

섞일 **잡**

混 雜

혼잡: 여럿이 뒤섞여 어지럽고 복잡함.

떠날 **리(이)**

亂 離

난리: 전쟁이나 재해 등으로 질서가 없고 어지러운 상태. 또는 다툼이나 싸움으로 소란스럽고 어지러운 상태.

混 亂

한가지 **동**

混 同

혼동: 구별하지 못하고 뒤섞이어 보거나 생각함.

배반할 **반**

叛 亂

반란: 정부나 지도자에 반대하여 집단적으로 일으키는 싸움.

문해력 混과 亂이 포함된 단어는 문장에서 어떻게 쓰일까요?

과학 기술의 발달로 인해 청소년들은 가상과 현실을 **混同**하기 쉽다.

넘어진 동생은 아프다고 울면서 **亂離**를 피웠다.

따라 쓰면서 복습

한자 쓰기 연습					단어 쓰기 연습
聽		衆		▶	
들을 청		무리 중			청중
資		源		▶	
재물 자		근원 원			자원
段		階		▶	
층계 단		섬돌 계			단계
離		別		▶	
떠날 리(이)		나눌 별/ 다를 별			이별
餘		裕		▶	
남을 여		넉넉할 유			여유

한자 쓰기 연습					단어 쓰기 연습
威		勢		▶	
위엄 위		형세 세			위세
嚴		格		▶	
엄할 엄		격식 격			엄격
權		力		▶	
권세 권		힘 력(역)			권력
繼		承		▶	
이을 계		이을 승			계승
混		亂		▶	
섞을 혼		어지러울 란(난)			혼란

문제 풀면서 복습

1 주어진 뜻과 음에 일치하는 한자를 찾아 알맞은 기호를 표시하세요.

繼	離
裕	衆
資	源
衆	混

2 주어진 뜻과 한자를 연결하고 한자에 맞는 음을 쓰세요.

뜻	한자	음
어지럽다 •	• 餘 ⇨	
남다 •	• 亂 ⇨	
층계 •	• 勢 ⇨	
듣다 •	• 段 ⇨	
형세 •	• 聽 ⇨	

3 주어진 뜻과 어울리는 한자어에 O 표시하세요.

1) 넉넉하여 남음. 餘裕 / 承諾

2) 태도나 규칙 등이 엄하고 철저함. 嚴格 / 協力

3) 뒤섞여서 어지럽고 질서가 없음. 混亂 / 資格

4 다음 글을 읽고 주어진 한자가 각각 몇 번 나왔는지 그 횟수를 쓰세요.

오랜만에 가족들과 축구를 보러 축구 경기장에 갔다.
경기장에는 관중들이 굉장히 많았다.
우리 팀의 기세가 좋아 계속해서 상대 팀을 압박하며
공격했다.
나중에는 상대 팀에서 선수 한 명이 퇴장을 당하여
우리 팀이 수적으로 우세했다.
결국에는 우리 팀이 이겼다.

觀 ( )
衆 ( )
氣 ( )
勢 ( )
繼 ( )
優 ( )

마무리 퀴즈

<보기>의 12개 단어와 일치하는 한자어가 아래의 표에 숨어있어요.
번호 순서대로 표에서 한자어를 찾아 O 표시하세요.

<보기>

1) 청중	2) 자원	3) 단계	4) 거리
5) 권력	6) 계승	7) 여백	8) 승낙
9) 난리	10) 군중	11) 자료	12) 부유

富	裕	傾	群	訣	分
叛	視	聽	衆	距	亂
繼	手	段	餘	認	離
威	承	諾	白	起	暴
嚴	權	力	資	源	層
混	段	階	泉	料	續

51~60

이번 장에서 배울 내용입니다.
한자의 뜻과 음을 보고
단어의 의미를 유추해보세요.

模 範
본뜰 **모** 법 **범**

寄 與
부칠 **기** 더불 **여**/줄 **여**

優 劣
넉넉할 **우**/뛰어날 **우** 못할 **렬(열)**

環 境
고리 **환** 지경 **경**

背 信
등 **배**/배반할 **배** 믿을 **신**

批 判
비평할 **비** 판단할 **판**

適 應
맞을 **적** 응할 **응**

法 律
법 **법** 법칙 **률(율)**

憂 慮
근심 **우** 생각할 **려(여)**

窮 極
다할 **궁**/궁할 **궁** 극진할 **극**/다할 **극**

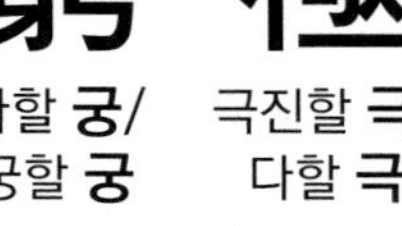

51 모범

模 範

본뜰 모　　　　법 범

模範(모범): 본받아 배울만한 대상.

획순 一 十 才 木 木一 木艹 木艹 木艹 栉 栉 椚 楛 榵 模　부수 木

模	模	模	模	模

획순 丿 ⺊ ⺮ ⺮ ⺮ 竹 竺 笁 笞 笡 筸 箮 範 範 範　부수 竹

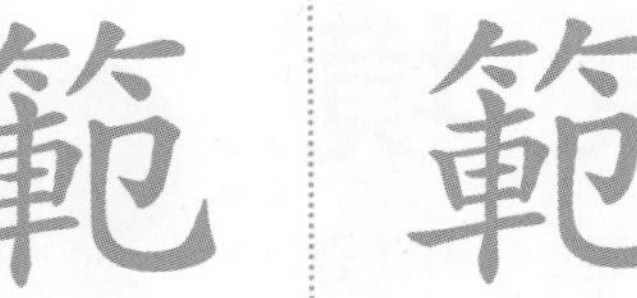

範	範	範	範	範

어휘력 模와 範이 포함된 단어는 또 무엇이 있을까요?

模 範

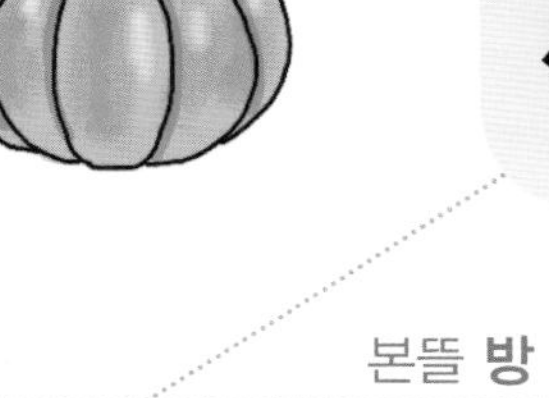

모양 **양**

模樣

모양: 겉모습이나 형태.

보일 **시**

示範

시범: 모범을 보임.

본뜰 **방**

模倣

모방: 어떤 것을 본뜨거나 흉내 냄.

에워쌀 **위**

範圍

범위: 일정하게 제한되어 정해진 영역. 또는 어떤 것이 미치는 한계.

문해력 模와 範이 포함된 단어는 문장에서 어떻게 쓰일까요?

우리 반 반장은 공부도 잘하고 선생님 말씀도 잘 듣는 **模範**생이다.

☆ 행실이나 학업이 본받을 만한 학생을 모범생(模範生)이라고 합니다.

기말고사 시험 **範圍**가 너무 많아 학생들이 선생님께 불만을 토로했다.

52 비판

批 判

비평할 비 판단할 판

批判(비판): 잘못된 것을 지적하거나 어떤 것의 옳고 그름을 판단함.

획순 一 十 扌 扌 扌 扌 批	부수 扌

批	批	批	批	批

획순 丿 八 丷 丷 半 半 判	부수 刂

判	判	判	判	判

어휘력 批와 判이 포함된 단어는 또 무엇이 있을까요?

평할 **평**

批評

비평: 어떤 것의 옳고 그름을 판단하고 평가함.

끊을 **단**

判斷

판단: 일정한 기준에 따라 판정을 내림.

批判

준할 **준**

批准

비준: 승인이나 동의를 받음. 헌법상의 조약체결권자가 국가 간의 조약 등을 최종적으로 확인하고 동의하는 절차.

일 **사**

判事

판사: 대법원을 제외한 각 법원의 법관.

문해력 批와 判이 포함된 단어는 문장에서 어떻게 쓰일까요?

그는 다른 사람의 단점을 **批判**하기만 하고 장점은 칭찬하지 않는다.

判事는 법에 따라 공정하게 판결해야 한다.

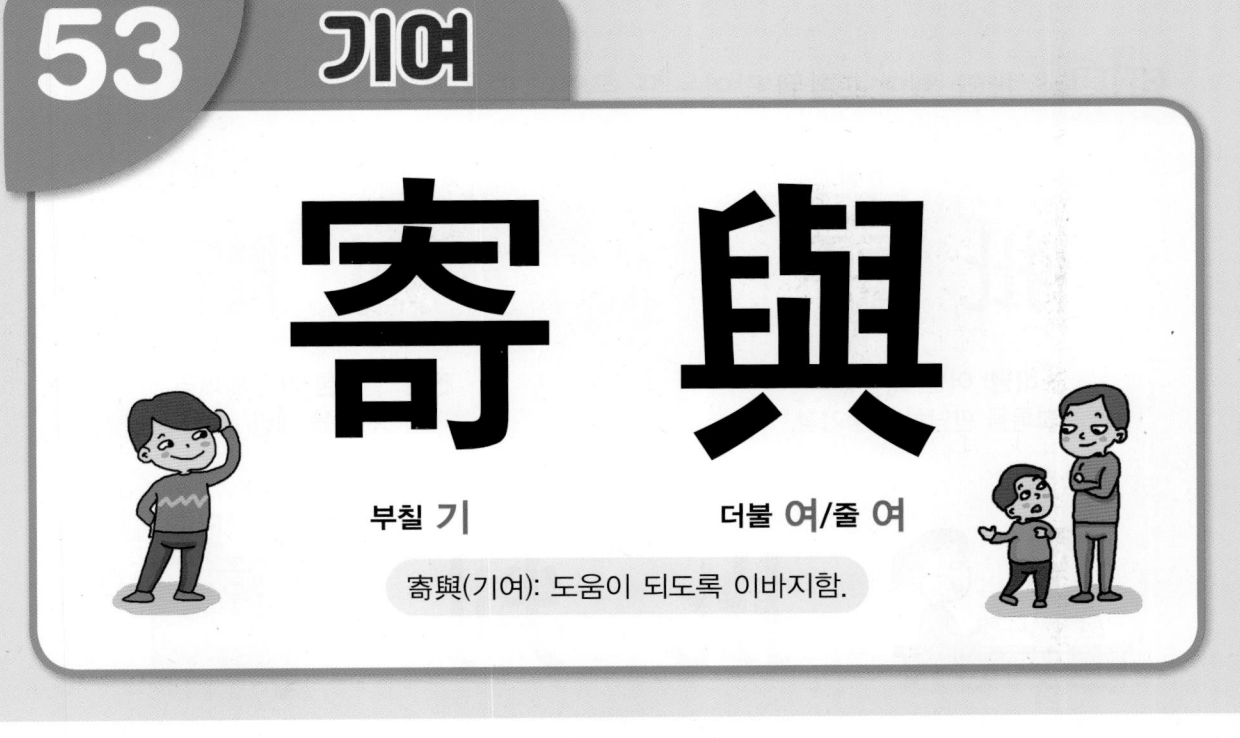

53 기여

寄 與

부칠 기　　　　더불 여/줄 여

寄與(기여): 도움이 되도록 이바지함.

획순 丶 丶 宀 … 寄　부수 宀

寄	寄	寄	寄	寄

획순 丿 … 與 與　부수 臼

與	與	與	與	與

어휘력 寄와 與가 포함된 단어는 또 무엇이 있을까요?

붙을 **부**

寄 附

기부: 자선 사업이나 공공의 이익을 위한 사업을 돕기 위해 돈이나 물건 등을 대가나 보상 없이 줌.

참여할 **참**

參 與

참여: 어떤 일에 함께 하여 관계함.

寄 與

줄 **증**

寄 贈

기증: 물건 등을 다른 사람에게 그냥 줌.

줄 **수**

授 與

수여: 상장 등을 줌.

문해력 寄와 與가 포함된 단어는 문장에서 어떻게 쓰일까요?

나는 읽지 않는 책을 도서관에 寄附했다.

많은 학생들이 학교 봉사활동에 參與하였다.

54 적응

適 應

맞을 적　　　　응할 응

適應(적응): 어떤 환경이나 조건에 맞추어 어울림.

획순 丶 亠 亠 产 产 产 产 啇 啇 啇 啇 啇 適 適 適 부수 辶

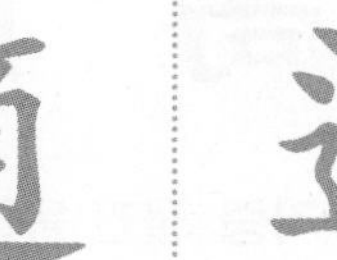

획순 丶 亠 广 广 广 广 府 府 府 府 府 府 雁 雁 應 應 應 부수 心

어휘력 適과 應이 포함된 단어는 또 무엇이 있을까요?

끊을 **절**

適	切

적절: 알맞음.

급할 **급**

應	急

응급: 급한 대로 우선 처리함.

쓸 **용**

適	用

적용: 어떤 것에 맞추어 씀.

돌이킬 **반**/돌아올 **반**

反	應

반응: 자극에 대한 현상.

문해력 適과 應이 포함된 단어는 문장에서 어떻게 쓰일까요?

새로 전학 온 친구는 우리 학교에 금방 **適應**했다.

나는 한밤중에 배가 너무 아파 **應急**실에 갔다.

☆ 응급환자를 진료하고 치료할 수 있는 시설을 갖춘 방을 응급실(應急室)이라고 합니다.

55 우열

優 劣

넉넉할 우/뛰어날 우 　　　　 못할 렬(열)

優劣(우열): 나음과 못함.

획순 丿 亻 亻 亻 亻 ... 優 　 부수 亻

優	優	優	優	優

획순 亅 小 少 劣 　 부수 力

劣	劣	劣	劣	劣

어휘력 優와 劣이 포함된 단어는 또 무엇이 있을까요?

優 劣

빼어날 **수**

優 秀

우수: 아주 뛰어남.

악할 **악**

劣 惡

열악: 품질이나 조건 등이 매우 낮고 나쁨.

이길 **승**

優 勝

우승: 경기 등에서 이겨서 첫째가 됨.

무리 **등**

劣 等

열등: 수준이나 등급이 낮음.

문해력 優와 劣이 포함된 단어는 문장에서 어떻게 쓰일까요?

두 선수 모두 실력이 뛰어나서 **優劣**을 가릴 수 없었다.

학생들은 무더운 날씨에 선풍기도 없는 **劣惡**한 환경에서 열심히 공부하였다.

56 법률

法 律

법 **법** 법칙 **률(율)**

法律(법률): 국가의 강제력을 가지는 사회 규범.

획순 法 부수 氵

法 法 法 法 法

획순 律 부수 彳

律 律 律 律 律

어휘력 法과 律이 포함된 단어는 또 무엇이 있을까요?

법 **헌**

憲法

헌법: 국가 통치 체제의 기초에 관한 근본적인 법 규범으로 국가 최고 상위법.

법 **규**

規律

규율: 질서나 제도의 유지를 위해 정해 놓은 행동 준칙.

法 律

어긋날 **위**

違法

위법: 법을 어김.

스스로 **자**

自律

자율: 다른 사람에게 제한이나 속박당하지 않고 자기 스스로의 원칙에 따라 절제하는 것.

문해력 法과 律이 포함된 단어는 문장에서 어떻게 쓰일까요?

憲法에는 국민의 권리와 의무가 명시되어 있다.

나는 自律 학습 시간에 선생님께서 내주신 숙제를 하였다.

57 환경

環 境

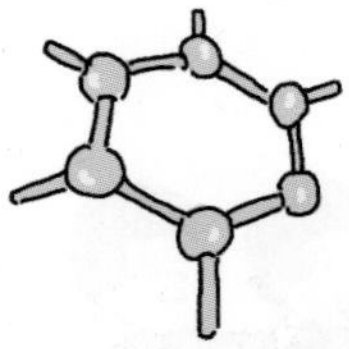

고리 환 지경 경

環境(환경): 생물에게 영향을 미치는 자연 조건이나 상태.
또는 사람이 생활하는 주변의 상태.

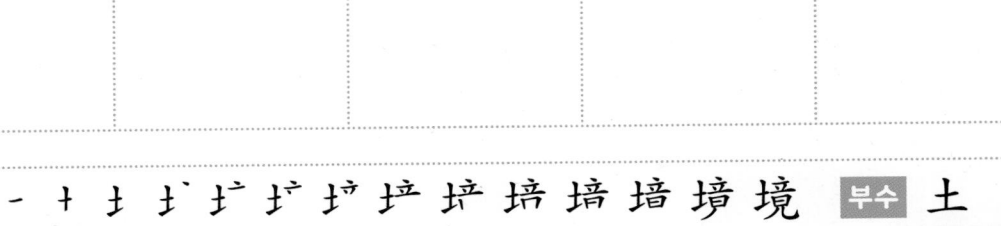

획순 … 環 부수 王

環 環 環 環 環

획순 … 境 부수 土

境 境 境 境 境

어휘력 環과 境이 포함된 단어는 또 무엇이 있을까요?

돌 **순**

循	環

순환: 반복하여 돎.

곤할 **곤**

困	境

곤경: 곤란하거나 어려운 처지.

環 境

한 **일**

一	環

일환: 관련이 있는 것들 중 하나.

땅 **지**

境	地

경지: 일정한 경계의 땅. 또는 학문, 예술 등에서 일정한 체계가 있는 범주나 분야.

문해력 環과 境이 포함된 단어는 문장에서 어떻게 쓰일까요?

무분별한 산업 개발로 인해 <u>環境</u>이 많이 파괴되었다.

그는 돈을 잃어버려 <u>困境</u>에 처한 친구에게 돈을 빌려주었다.

58 우려

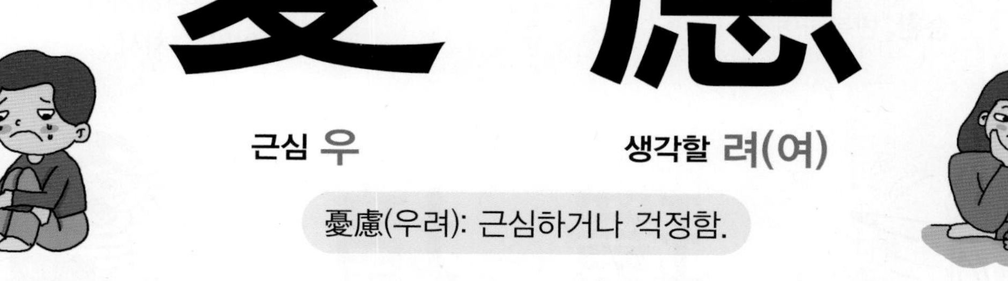

憂 慮

근심 우 생각할 려(여)

憂慮(우려): 근심하거나 걱정함.

획순 … 憂 부수 心

憂	憂	憂	憂	憂

획순 … 慮 부수 心

慮	慮	慮	慮	慮

어휘력 憂와 慮가 포함된 단어는 또 무엇이 있을까요?

憂 慮

근심 **환**

憂患

우환: 집에 안좋은 일이 있거나 아픈 사람이 있어 생기는 걱정이나 근심.

나눌 **배**/짝 **배**

配慮

배려: 도와주기 위해 마음 씀.

안 **내** / 바깥 **외** / 근심 **환**

內憂外患

내우외환: 내부에서의 근심과 외부로부터의 근심이라는 뜻으로 나라 안과 밖의 여러 가지 어려운 일들을 의미함.

생각 **념(염)**

念慮

염려: 여러 가지로 마음 쓰고 걱정함.

문해력 憂와 慮가 포함된 단어는 문장에서 어떻게 쓰일까요?

그는 집에 <u>憂患</u>이 있는지 표정이 좋지 않다.

그는 다른 사람을 <u>配慮</u>할 줄 모르는 자기 중심적인 사람이다.

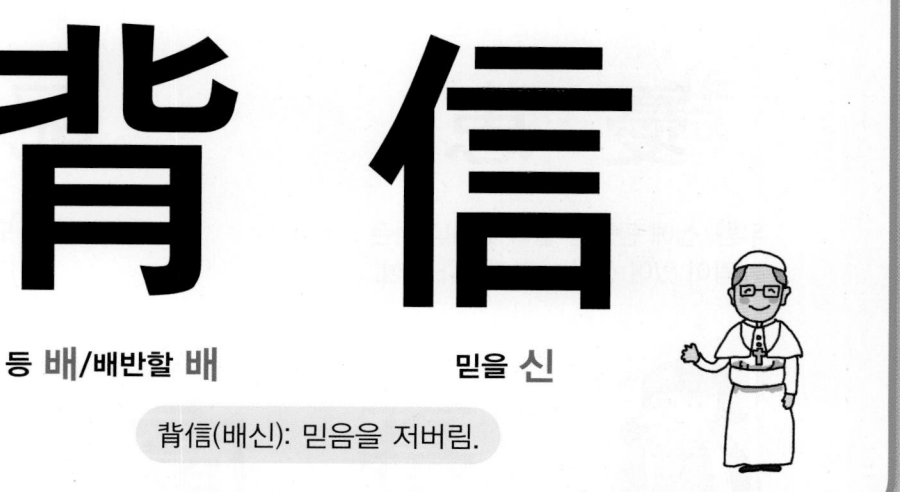

59 배신

背 信

등 배/배반할 배　　　믿을 신

背信(배신): 믿음을 저버림.

획순	背	부수	月

背	背	背	背	背

획순	信	부수	亻

信	信	信	信	信

어휘력 背와 信이 포함된 단어는 또 무엇이 있을까요?

돌이킬 **반**/돌아올 **반**

背 反

배반: 믿음을 저버리고 돌아섬.

우러를 **앙**

信 仰

신앙: 믿고 받듦. 또는 신과 같은 존재를 믿고 따름.

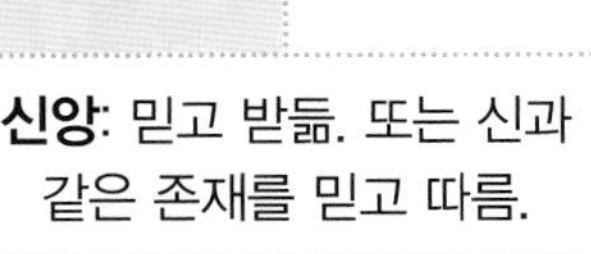

背 信

별 **경**

背 景

배경: 뒤쪽의 경치. 또는 사물이나 사건 뒤에 숨겨진 일의 형편이나 까닭.

생각 **념(염)**

信 念

신념: 굳은 믿음.

문해력 背와 信이 포함된 단어는 문장에서 어떻게 쓰일까요?

그는 '노력은 **背信**하지 않는다'는 **信念**을 가지고 열심히 공부하였다.

우리는 바닷가를 **背景**으로 사진을 찍었다.

51 52 53 54 55 56 57 58 59 60

60 궁극

窮 極

다할 궁/궁할 궁 　 극진할 극/다할 극

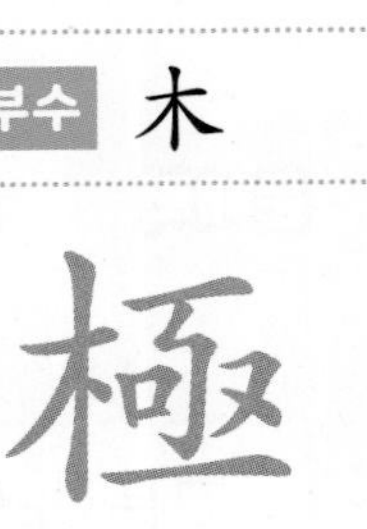

窮極(궁극): 어떤 과정의 마지막.

획순 丶 丷 宀 穴 穴 穵 穷 穷 窅 窅 窮 窮 窮 窮 窮 **부수** 穴

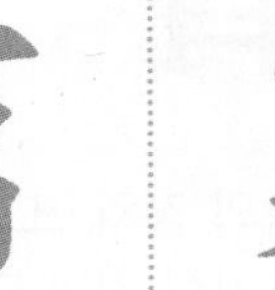

窮	窮	窮	窮	窮

획순 一 十 才 木 朩 朩 杤 杤 柯 柯 柹 極 極 **부수** 木

極	極	極	極	極

어휘력 窮과 極이 포함된 단어는 또 무엇이 있을까요?

없을 무		꽃 화
無	窮	花

무궁화: 우리나라의 국화(國花)로 1년이나 2년 정도 사는 아욱과의 낙엽 활엽 관목.

	한할 한
極	限

극한: 도달할 수 있는 궁극의 한계.

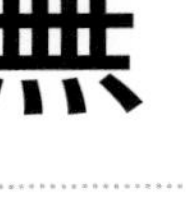

窮 極

없을 무		없을 무	다할 진
無	窮	無	盡

무궁무진: 끝이 없고 다함이 없음.

클 태		기 기
太	極	旗

태극기: 대한민국의 국기.

문해력 窮과 極이 포함된 단어는 문장에서 어떻게 쓰일까요?

그의 **窮極**적 목표는 훌륭한 과학자가 되는 것이다.

대한민국의 국기는 **太極旗**이고 국화는 **無窮花**이다.

51 52 53 54 55 56 57 58 59 60

따라 쓰면서 복습

한자 쓰기 연습					단어 쓰기 연습
模		範		▶	
본뜰 모		법 범			모범
批		判		▶	
비평할 비		판단할 판			비판
寄		與		▶	
부칠 기		더불 여/줄 여			기여
適		應		▶	
맞을 적		응할 응			적응
優		劣		▶	
넉넉할 우/ 뛰어날 우		못할 렬(열)			우열

한자 쓰기 연습					단어 쓰기 연습
法		律		▶	
법 법		법칙 률(율)			법률
環		境		▶	
고리 환		지경 경			환경
憂		慮		▶	
근심 우		생각할 려(여)			우려
背		信		▶	
등 배/ 배반할 배		믿을 신			배신
窮		極		▶	
다할 궁/ 궁할 궁		극진할 극/ 다할 극			궁극

문제 풀면서 복습

1 주어진 뜻과 음에 일치하는 한자를 찾아 알맞은 기호를 표시하세요.

법 범 ○
더불 여/줄 여 ☆
법칙 률(율) □
극진할 극/다할 극 ◇
근심 우 △

2 주어진 뜻과 한자를 연결하고 한자에 맞는 음을 쓰세요.

뜻	한자	음
넉넉하다/뛰어나다 •	• 優 ⇨	
응하다 •	• 判 ⇨	
판단하다 •	• 慮 ⇨	
생각하다 •	• 背 ⇨	
등/배반하다 •	• 應 ⇨	

3 주어진 뜻과 어울리는 한자어에 O 표시하세요.

1) 본받아 배울만한 대상. 模範 / 優勝

2) 어떤 환경이나 조건에 맞추어 어울림. 適應 / 困境

3) 잘못된 것을 지적하거나 어떤 것의 옳고 그름을 판단함. 批判 / 窮極

4 다음 글을 읽고 주어진 한자가 각각 몇 번 나왔는지 그 횟수를 쓰세요.

우리 반 반장은 공부도 잘하고 선생님 말씀도 잘 듣는 모범생이다.

운동도 잘해서 이번 운동회에서 우리 반이 우승하는 데 많은 기여를 했다.

학업 성적도 우수해서 상장도 많이 받았다.

곤경에 빠진 친구를 도와주기도 하고 배려심이 뛰어나다.

模 ……

優 ……

寄 ……

秀 ……

困 ……

配 ……

마무리 퀴즈

〈보기〉의 12개 단어와 일치하는 한자어가 아래의 표에 숨어있어요.
번호 순서대로 표에서 한자어를 찾아 O 표시하세요.

〈보기〉

1) 모범 2) 비판 3) 기여 4) 적응

5) 우려 6) 위법 7) 우열 8) 법률

9) 참여 10) 환경 11) 판단 12) 태극기

倣	違	適	應	優	劣
太	切	法	准	判	惡
批	極	律	附	循	斷
判	限	旗	模	環	境
背	景	參	範	圍	念
境	地	寄	與	憂	慮

★ 준5급 한자(100자) ★

價	客	格	見	結
값 **가**	손 **객**	격식 **격**	볼 **견**, 뵈올 **현**	맺을 **결**
決	敬	告	課	過
결단할 **결**	공경 **경**	고할 **고**	공부할 **과**/ 과정 **과**	지날 **과**
觀	關	廣	具	舊
볼 **관**	관계할 **관**	넓을 **광**	갖출 **구**	예 **구**/옛 **구**
局	基	己	念	能
판 **국**	터 **기**	몸 **기**	생각 **념(염)**	능할 **능**
團	當	德	到	獨
둥글 **단**	마땅 **당**	클 **덕**/덕 **덕**	이를 **도**	홀로 **독**
朗	良	旅	歷	練
밝을 **랑(낭)**	어질 **량(양)**	나그네 **려(여)**	지날 **력(역)**	익힐 **련(연)**
勞	流	類	陸	望
일할 **로(노)**	흐를 **류(유)**	무리 **류(유)**	뭍 **륙(육)**	바랄 **망**

法	變	兵	福	奉
법 **법**	변할 **변**	병사 **병**	복 **복**	받들 **봉**
史	士	仕	産	商
사기 **사**	선비 **사**	섬길 **사**	낳을 **산**	장사 **상**
相	鮮	仙	說	性
서로 **상**	고울 **선**	신선 **선**	말씀 **설**, 달랠 **세**	성품 **성**
洗	歲	束	首	宿
씻을 **세**	해 **세**	묶을 **속**	머리 **수**	잘 **숙**, 별자리 **수**
順	識	臣	實	兒
순할 **순**	알 **식**	신하 **신**	열매 **실**	아이 **아**
惡	約	養	要	友
악할 **악**, 미워할 **오**	맺을 **약**	기를 **양**	요긴할 **요**	벗 **우**
雨	雲	元	偉	以
비 **우**	구름 **운**	으뜸 **원**	클 **위**	써 **이**

任	財	材	的	傳
맡길 **임**	재물 **재**	재목 **재**	과녁 **적**	전할 **전**
典	展	節	切	店
법 **전**	펼 **전**	마디 **절**	끊을 **절**, 온통 **체**	가게 **점**
情	調	卒	種	週
뜻 **정**	고를 **조**	마칠 **졸**	씨 **종**	돌 **주**
州	知	質	着	參
고을 **주**	알 **지**	바탕 **질**	붙을 **착**	참여할 **참**
責	充	宅	品	必
꾸짖을 **책**	채울 **충**	집 **택**	물건 **품**	반드시 **필**
筆	害	化	效	凶
붓 **필**	해할 **해**	될 **화**	본받을 **효**	흉할 **흉**

초등 5 한자 마무리 테스트

[문제 1-20] 다음 밑줄 친 漢字語한자어의 讀音(독음: 읽는 소리)을 쓰세요.

〈보기〉 漢字 → 한자

[1] 그 체조 선수는 均衡 감각이 뛰어납니다.

[2] 우리 반은 남녀 학생의 比率이 비슷합니다.

[3] 이번 연극에서 배우가 혼자 이야기하는 독백이 印象 깊었습니다.

[4] 내 趣味는 독서입니다.

[5] 나는 영어 단어를 열심히 暗記하였습니다.

[6] 유행성 독감을 豫防하기 위해 손을 깨끗이 씻었습니다.

[7] 그는 학생들에게 尊敬받는 선생님입니다.

[8] 우리 반은 신라 遺跡지로 체험학습을 갔습니다.

[9] 우리 학교 체육관은 施設이 좋습니다.

[10] 우리 팀 선수들은 상대 팀 선수들을 계속해서 攻擊했습니다.

[11] 그 작가의 문장은 簡潔해서 이해가 잘 됩니다.

[12] 언니는 노트북을 사기 위해 꾸준히 貯蓄을 합니다.

[13] 시위대가 도로를 占據하여 교통 혼잡을 빚었습니다.

[14] 선생님께서 내 그림이 創意적이라며 칭찬하셨습니다.

[15] 상대 팀 선수가 퇴장을 당해 우리 팀이 수적으로 優勢합니다.

[16] 언니는 시험이 끝나서 요즘 閑暇합니다.

[17] 그는 공부도 잘하고 선생님 말씀도 잘 듣는 模範생입니다.

[18] 서점에서 破損된 책을 새 책으로 바꿔주었습니다.

[19] 우리는 꽃밭을 背景으로 사진을 찍었습니다.

[20] 나는 읽지 않는 책을 도서관에 寄附했습니다.

[문제 21-38] 다음 漢字한자의 訓(훈: 뜻)과 音(음: 소리)을 쓰세요.

〈보기〉 漢 → 한나라 한

[21] 危

[22] 避

[23] 解

[24] 辭

[25] 儉

[26] 威

[27] 推

[28] 缺

[29] 辨

[30] 機

[31] 孤

[32] 散

[33] 徵

[34] 簡

[35] 裝

[36] 脫

[37] 疑

[38] 閑

[문제 39-42] 다음 訓(훈: 뜻)과 音(음: 소리)에 맞는 漢字한자를 〈보기〉에서 골라 그 번호를 쓰세요.

〈보기〉

① 權 ② 適 ③ 環 ④ 領

[39] 맞을 적

[40] 고리 환

[41] 거느릴 령(영)

[42] 권세 권

[문제 43-44] 다음 밑줄 친 漢字語한자어를 〈보기〉에서 찾아 그 번호를 쓰세요.

〈보기〉

① 尊嚴 ② 恭敬 ③ 操縱 ④ 體操

[43] 부모님께서는 우리에게 웃어른을 <u>공경</u>해야 한다고 가르치셨습니다.

[44] 우리는 체육 수업 시작 전에 <u>체조</u>를 합니다.

[문제 45-46] 다음 漢字한자의 상대 또는 반대 되는 漢字한자를 〈보기〉에서 골라 그 번호를 쓰세요.

〈보기〉

① 憂　② 悲　③ 批　④ 優

[45] (　　　　) ↔ 劣

[46] 喜 ↔ (　　　　)

[문제 47-48] 다음 뜻에 맞는 漢字語한자어를 〈보기〉에서 찾아 그 번호를 쓰세요.

〈보기〉

① 虛構　② 混雜　③ 寄贈　④ 餘裕

[47] 사실이 아닌 것을 사실처럼 꾸밈.

[48] 넉넉하여 남음.

[문제 49-50] 다음 漢字한자의 진하게 표시한 획은 몇 번째 쓰는지 〈보기〉에서 찾아 그 번호를 쓰세요.

① 첫 번째　② 두 번째
③ 세 번째　④ 네 번째
⑤ 다섯 번째　⑥ 여섯 번째
⑦ 일곱 번째　⑧ 여덟 번째
⑨ 아홉 번째　⑩ 열 번째

[49]

[50]

정답 01~10

문제 풀면서 복습

01

저울대 형 - 衡
풀 해 - 解
본디 소 - 素
흩을 산 - 散
검소할 검 - 儉

02

비율 - 率 률(율)
부르다 - 徵 징
헤아리다 - 測 측
풀다 - 釋 석
틈 - 暇 가

03

1) 閑暇　　2) 解釋　　3) 儉素

04

趣-1번	閑-2번	暇-1번
散-2번	策-1번	素-1번

내 취미(趣味)는 독서이다.
한가(閑暇)한 날이면 책을 읽는다.
오늘은 책을 읽다가 강아지와 산책(散策)하러 공원에 갔다.
공원에는 평소(平素)와 달리 사람이 없어 한산(閑散)했다.

마무리 퀴즈

1) 균형　2) 상징　3) 추측　4) 산책
5) 화해　6) 현상　7) 효율　8) 흥미
9) 특징　10) 산만　11) 오해　12) 예측

等	推	薦	印	現	特
和	誤	分	散	象	徵
政	解	推	漫	儉	素
效	確	豫	測	興	趣
散	率	朴	平	釋	味
策	歡	喜	均	衡	放

정답 11~20

문제 풀면서 복습

01

공경 경 – 敬
덜 손 – 損
깨뜨릴 파 – 破
벗을 탈 – 脫
베틀 기 – 機

02

높다 – 尊 존
물러나다 – 退 퇴
분별하다 – 辨 변
잡다 – 操 조
말씀 – 辭 사

03

1) 暗記　2) 辨明　3) 缺席

04

缺–1번	機–1번	暗–1번
記–2번	憶–1번	點–1번

어제 학교에 결석(缺席)해서 영어 쪽지 시험을 보지 못했다.
하지만 선생님께서 오늘 시험을 볼 수 있는 기회(機會)를 주셨다.
나는 시험 전에 벼락치기로 영어 단어를 암기(暗記)했다.
하지만 시험지를 받자 단어가 기억(記憶)이 나지 않았다.
예상대로 시험 점수(點數)는 좋지 않았다.

마무리 퀴즈

1) 존경　2) 조작　3) 손해　4) 탈락
5) 위기　6) 고독　7) 사퇴　8) 탈퇴
9) 걸작　10) 사전　11) 결핍　12) 낙엽

辨	償	缺	乏	暗	黑
殆	落	葉	重	明	職
操	嚴	尊	敬	虔	損
傑	作	脫	辭	典	害
破	壞	落	退	孤	兒
數	席	危	機	傷	獨

정답 21~30

문제 풀면서 복습

01

얽을 구 - 構
빽빽할 밀 - 密
베풀 시 - 施
발자취 적 - 跡
근거 거 - 據

02

남기다 - 遺 유
청렴하다 /살피다 - 廉 렴(염)
숨기다 - 祕 비
치다 - 擊 격
굳다 - 固 고

03

1) 證據　2) 豫防　3) 虛構

04

豫-4번　約-3번　廉-1번
施-1번　設-1번　祕-1번

우리 가족은 외식을 하기 위해 식당을 예약(豫約)하기로 했다.
하지만 예상(豫想)대로 인기있는 식당은 예약(豫約)이 모두 찼다.
우리는 덜 유명하지만 저렴(低廉)하고 시설(施設)이 좋은 식당을 예약(豫約)했다.
음식이 너무 맛있어서 맛의 비결(祕訣)이 궁금했다.

마무리 퀴즈

1) 유적　2) 염탐　3) 폭발　4) 증명
5) 공격　6) 탐색　7) 설치　8) 구성
9) 견고　10) 침공　11) 청렴　12) 백발백중

遺	爆	廉	探	設	痕
跡	破	發	索	施	置
液	體	百	表	構	成
祕	堅	固	發	淸	造
論	侵	攻	證	百	廉
根	據	擊	明	人	中

정답 31~40

문제 풀면서 복습

01

형상 상 – 狀
거느릴 령(영) – 領
쌓을 저 – 貯
가릴 택 – 擇
지탱할 지 – 支

02

꾸미다 – 飾 식
모습 – 態 태
피하다 – 避 피
의심하다 – 疑 의
모으다 – 蓄 축

03

1) 簡單　2) 貯蓄　3) 採用

04

裝-2번　飾-1번　包-1번
選-2번　擇-2번　點-1번

우리 가족은 크리스마스를 맞이해 크리스마스 트리를 장식(裝飾)했다.
그리고 각자 선물을 준비하고 다른 사람의 선물을 선택(選擇)하기로 했다.
나는 예쁘게 포장(包裝)된 선물을 선택(選擇)했다.
선물을 교환하고 우리는 점심(點心)에 나가서 외식을 했다.

마무리 퀴즈

1) 의지　2) 상태　3) 창의　4) 축적
5) 의문　6) 도피　7) 점령　8) 채택
9) 단순　10) 태도　11) 지불　12) 간결

包	態	度	蓄	創	意
簡	存	服	裝	積	況
潔	走	逃	避	採	略
占	疑	單	域	擇	集
貯	問	依	純	狀	態
據	金	支	拂	占	領

정답 41~50

문제 풀면서 복습

01

무리 중 - 衆
재물 자 - 資
떠날 리(이) - 離
넉넉할 유 - 裕
이을 계 - 繼

02

어지럽다- 亂 란(난)
남다- 餘 여
층계- 段 단
듣다- 聽 청
형세- 勢 세

03

1) 餘裕 2) 嚴格 3) 混亂

04

觀-1번 衆-1번 氣-1번
勢-2번 繼-1번 優-1번

오랜만에 가족들과 축구를 보러 축구 경기장에 갔다.
경기장에는 관중(觀衆)들이 굉장히 많았다.
우리 팀의 기세(氣勢)가 좋아 계속(繼續)해서 상대 팀을 압박하며 공격했다.
나중에는 상대 팀에서 선수 한 명이 퇴장을 당하여 우리 팀이 수적으로 우세(優勢)했다.
결국에는 우리 팀이 이겼다.

마무리 퀴즈

1) 청중 2) 자원 3) 단계 4) 거리
5) 권력 6) 계승 7) 여백 8) 승낙
9) 난리 10) 군중 11) 자료 12) 부유

富	裕	傾	群	訣	分
叛	視	聽	衆	距	亂
繼	手	段	餘	認	離
威	承	諾	白	起	暴
嚴	權	力	資	源	層
混	段	階	泉	料	續

정답 51~60

문제 풀면서 복습

01

법 범- 範
더불 여/줄 여- 與
법칙 률(율)- 律
극진할 극/다할 극- 極
근심 우- 憂

02

넉넉하다/뛰어나다- 優 우
응하다- 應 응
판단하다- 判 판
생각하다- 慮 려(여)
등/배반하다- 背 배

03

1) 模範　2) 適應　3) 批判

04

模-1번	優-2번	寄-1번
秀-1번	困-1번	配-1번

우리 반 반장은 공부도 잘하고 선생님 말씀도 잘 듣는 모범(模範)생이다.
운동도 잘해서 이번 운동회에서 우리 반이 우승(優勝)하는 데 많은 기여(寄與)를 했다.
학업 성적도 우수(優秀)해서 상장도 많이 받았다.
곤경(困境)에 빠진 친구를 도와주기도 하고 배려(配慮)심이 뛰어나다.

마무리 퀴즈

1) 모범　2) 비판　3) 기여　4) 적응
5) 우려　6) 위법　7) 우열　8) 법률
9) 참여　10) 환경　11) 판단　12) 태극기

倣	違	適	應	優	劣
太	切	法	准	判	惡
批	極	律	附	循	斷
判	限	旗	模	環	境
背	景	參	範	圍	念
境	地	寄	與	憂	慮

초등 5 한자 마무리 테스트

1 균형 **2** 비율 **3** 인상 **4** 취미 **5** 암기 **6** 예방 **7** 존경 **8** 유적 **9** 시설 **10** 공격 **11** 간결 **12** 저축 **13** 점거 **14** 창의 **15** 우세 **16** 한가 **17** 모범 **18** 파손 **19** 배경 **20** 기부 **21** 위태할 위 **22** 피할 피 **23** 풀 해 **24** 말씀 사 **25** 검소할 검 **26** 위엄 위 **27** 밀 추, 밀 퇴 **28** 이지러질 결 **29** 분별할 변 **30** 베틀 기 **31** 외로울 고 **32** 흩을 산 **33** 부를 징 **34** 간략할 간 **35** 꾸밀 장 **36** 벗을 탈 **37** 의심할 의 **38** 한가할 한 **39** ② **40** ③ **41** ④ **42** ① **43** ② **44** ④ **45** ④ **46** ② **47** ① **48** ④ **49** ③ **50** ④